이제
너의 마음을
알겠어

이제 너의 마음을 알겠어

발행일	2025년 11월 15일
지은이	김인각
펴낸이	손형국
펴낸곳	(주)북랩
출판등록	2004. 12. 1(제2012-000051호)
주소	서울특별시 금천구 가산디지털 1로 168, 우림라이온스밸리 B동 B111호, B113~115호
홈페이지	www.book.co.kr
전화번호	(02)2026-5777 팩스 (02)3159-9637
ISBN	979-11-7224-895-6 03180 (종이책) 979-11-7224-896-3 05180 (전자책)

잘못된 책은 구입한 곳에서 교환해드립니다.
이 책은 저작권법에 따라 보호받는 저작물이므로 무단 전재와 복제를 금합니다.
본 도서는 (주)북랩이 보유한 리코 인쇄 장비 등 자체 생산 인프라를 통해 제작되었습니다.

작가 연락처 문의 ▶ ask.book.co.kr
전용 게시판에 문의를 남기시면 저자에게 직접 전달됩니다.

(주)북랩 성공출판의 파트너
북랩 홈페이지와 SNS에서 다양한 출판 솔루션을 만나 보세요!

홈페이지 book.co.kr   •   블로그 blog.naver.com/essaybook   •   출판문의 text@book.co.kr
카톡채널 북랩

사주명리의 기초부터 60일주의 심리분석까지

이제
너의 마음을
알겠어

김인각 지음

연인과의 갈등, 가족 간의 오해, 직장의 불협화음
상대의 속마음을 알 수 있다면 얼마나 좋을까?
타인의 성향을 풀어내는 60일주, 관계 해결의 답이다!

서문

 공자는 50세를 지천명(知天命)이라고 해서 그때가 되면 하늘의 뜻을 깨달아 순리대로 삶을 살아간다고 했다.
 현대 사회에서도 50세를 전후한 나이가 되면 자신이 살아온 삶을 뒤돌아보게 된다. 또한 앞으로 어떤 삶을 살아갈지도 대략적으로라도 예측할 수 있다. 돈을 충분히 모아 둔 사람이라면 건강과 여가에 힘쓸 것이고 그러지 못한 사람이라면 퇴직 후의 새로운 직업을 고민하게 될 것이다. 예나 지금이나 50세라는 나이는 인생의 중요한 전환점이고 자신의 삶과 운명에 대해 깊은 고민을 하게 되는 시기다.
 사주팔자에 관심을 가지게 되는 것은 대략 두 가지 이유에서다. 하나는 삶이 자기 생각대로 흘러가지 않기 때문일 것이고, 다른 하나는 자신에게 주어진 운명이 어떤 것인지를 알고자 하는 욕구 때문일 것이다. 어떤 경우든 자신의 사주를 알게 된다고 해서 삶이 극적으로 바뀌지는 않는다. 단지 자신이 어떤 사람이라는 것을 더 명확히 알 수 있다는 것밖에는 없다. 만일 자신의 사주를 잘 이해했다면 그것에 순응해서 살거나 자신의 단점을 최대한 고치려고 노력하는 것이 중요한 것이다. 지피지기(知彼知己) 중에서 더 중요한 것은 자신을 아는 것이고 그래야 최소한 실패는 하지는 않을 수 있다.

내가 사주 공부를 하는 동안 해소되지 않은 의문점들이 있었다. 그것은 木火土金水의 오행(五行)이나 비견(比肩), 겁재(劫財) 등과 같은 십신(十神) 그리고 상생상극(相生相剋)과 같은 원리가 어떤 이치에 의해서 탄생되었는가 하는 것이었다. '1 + 1 = 2'가 너무나 당연한 것처럼 사주명리학에서 木生火라는 것은 너무나도 당연하게 쓰이는데 그게 왜 그런 것인지를 과학적으로 설명한 책을 찾을 수가 없었다. 그래서 나는 사주명리학에서 사용되는 기본적인 규칙들이 어떤 원리에 기반한 것인지를 찾으려고 노력했고 오행과 십신 등을 과학적이고 진화론적인 관점에서 접근했다.

사주명리학에서는 총 51만 8,400개의 사주가 존재한다. 81억 명의 사람을 51만 개의 사주로 분류할 수 있다는 것이다. 그러나 사람의 가장 기본적인 성격은 일주(日柱)에 있고 이것은 총 60개로 나뉘므로 60일주만 잘 이해하더라도 행동과 사고방식 등을 알 수 있다. 이 책은 사주를 처음 공부하는 분들이나 사람들의 숨겨진 심리가 무엇인지 알고 싶어 하는 분들께 유용한 정보가 될 것이다.

이 책이 나오기까지 끝까지 응원해 준 사랑하는 아내 김정원과 딸 수연과 수진에게 감사의 마음을 전한다. 그리고 주경야독으로 지칠 때마다 힘을 준 후배 안정국과 최동진에게도 고마운 마음을 전한다.

지은이 씀

차례

서문 / 4

일러두기 / 10

1부   **음양오행과 천간, 지지**

1. 음과 양 / 14

2. 오행과 천간 / 16

    庚金과 辛金의 탄생 / 16   壬水와 癸水의 탄생 / 17
    甲木과 乙木의 탄생 / 18   丙火와 丁火의 탄생 / 19
    戊土와 己土의 탄생 / 20

3. 지지 / 22

    寅木의 특징 / 22   卯木의 특징 / 24
    辰土의 특징 / 25   巳火의 특징 / 26
    午火의 특징 / 27   未土의 특징 / 28
    申金의 특징 / 29   酉金의 특징 / 30
    戌土의 특징 / 31   亥水의 특징 / 32
    子水의 특징 / 34   丑土의 특징 / 35

4. 생극제화와 합충파해 / 36

　　생극제화 / 37　　　　　　　　합 / 38
　　충 / 49　　　　　　　　　　형파해 / 54

5. 12신살 / 58

　　스스로 변화를 도모하는 시기 : 지살, 년살(도화살), 월살 / 61
　　자신감, 성공, 안정의 시기 : 망신살, 장성살, 반안살 / 62
　　어쩔 수 없는 변화를 맞이하는 시기 : 역마살, 육해살, 화개살 / 63
　　정반대의 기운과 충돌하는 시기 : 겁살, 재살, 천살 / 65

2부　십신의 이해

1. 비견과 겁재 / 70

　　비견 / 71　　　　　　　　　겁재 / 74

2. 식신과 상관 / 77

　　식신 / 78　　　　　　　　　상관 / 81

3. 편재와 정재 / 84

　　편재 / 85　　　　　　　　　정재 / 88

4. 편관과 정관 / 92

　　편관 / 95　　　　　　　　　정관 / 99

5. 편인과 정인 / 102

　　편인 / 103　　　　　　　　　정인 / 106

3부 60일주 분석

1. 甲일간 / 112

甲子 / 114　　　甲寅 / 117
甲辰 / 120　　　甲午 / 123
甲申 / 126　　　甲戌 / 129

2. 乙일간 / 132

乙丑 / 134　　　乙卯 / 137
乙巳 / 140　　　乙未 / 143
乙酉 / 146　　　乙亥 / 149

3. 丙일간 / 152

丙子 / 154　　　丙寅 / 157
丙辰 / 160　　　丙午 / 163
丙申 / 166　　　丙戌 / 169

4. 丁일간 / 172

丁丑 / 174　　　丁卯 / 177
丁巳 / 180　　　丁未 / 183
丁酉 / 186　　　丁亥 / 189

5. 戊일간 / 192

戊子 / 194　　　戊寅 / 197
戊辰 / 200　　　戊午 / 203
戊申 / 206　　　戊戌 / 209

6. 己일간 / 212

己丑 / 214　　　己卯 / 217
己巳 / 220　　　己未 / 223
己酉 / 226　　　己亥 / 229

7. 庚일간 / 232

庚子 / 234　　　庚寅 / 237
庚辰 / 240　　　庚午 / 243
庚申 / 246　　　庚戌 / 249

8. 辛일간 / 252

辛丑 / 254　　　辛卯 / 257
辛巳 / 260　　　辛未 / 263
辛酉 / 266　　　辛亥 / 269

9. 壬일간 / 272

壬子 / 274　　　壬寅 / 277
壬辰 / 280　　　壬午 / 283
壬申 / 286　　　壬戌 / 289

10. 癸일간 / 292

癸丑 / 294　　　癸卯 / 297
癸巳 / 300　　　癸未 / 303
癸酉 / 306　　　癸亥 / 309

일러두기

　모든 인간은 태어난 연월일시(年月日時)라는 고유한 시간 정보를 가지고 있다. 이 네 개의 시간 기둥을 사주(四柱)라고 하며, 이를 천간(天干)과 지지(地支)의 조합인 간지(干支) 여덟 글자로 변환하여 운명의 흐름을 해석하는 것이 바로 사주팔자(四柱八字)이다. 오늘날과 같은 사주학은 중국의 당대(唐代)에 그 기틀이 마련되었다. 이전에는 주로 태어난 해를 중심으로 운명을 점쳤으나, 당대의 이허중(李虛中)이 개인의 본질을 나타내는 일주(日柱)의 중요성을 강조하면서 현대 명리학의 기초를 세웠다. 이후 송대(宋代)의 서자평(徐子平)이 이허중의 이론을 더욱 발전시켰기에, 일주를 중심으로 운명을 분석하는 명리학을 '자평명리학'이라고도 부른다.
　자신의 사주를 이해하려면 우선 사주팔자가 어떻게 구성되었는지를 정확히 알아야 한다. 과거에는 만세력과 복잡한 공식을 알아야만 했지만, 이제는 인터넷과 스마트폰 앱을 통해 누구나 쉽게 확인할 수 있다. '만세력 천을귀인'이나 '사주게이트'와 같은 무료 프로그램을 활용하면 복잡한 과정 없이 즉시 자신의 사주 구성을 확인할 수 있다.

아래의 홍길동이라는 사람의 사주를 통해 사주팔자의 기본적인 용어를 알아보자. 홍길동이 태어난 해를 사주명리학에서는 연주(年柱)라고 하고 태어난 달을 월주(月柱), 태어난 일을 일주(日柱), 그리고 태어난 시간을 시주(時柱)라고 부른다. 이 책에서 설명할 사주 심리는 주로 일주를 중심으로 해석하게 되므로, 자신의 일주가 무엇인지는 반드시 알고 가야 한다. 홍길동의 일주는 甲寅이다. 甲寅일주의 甲을 일간(日干)이라고 해서 사주팔자(四柱八字) 중에서도 가장 중요한 '자기 자신'이 된다.

각각의 사주(四柱)는 천간과 지지라는 두 개의 글자로 구성되는데, 예를 들어 홍길동은 2001년 생으로 '辛巳년에 태어났다'라고 하며, 辛을 연간(年干)이라고 부르고 巳를 연지(年支)라고 부른다. 또한 연간인 辛은 일간인 甲의 정관에 해당하고, 연지인 巳는 식신에 해당한다는 것들도 알아두어야 한다.

[사주팔자 예시]

홍길동(25세)			
(양) 2001년 04월 21일, 15시 00분(-30) (음) 2001년 03월 28일			
시주 (時柱)	일주 (日柱)	월주 (月柱)	연주 (年柱)
시간(時干) 정관	일간(日干)	월간(月干) 편인	연간(年干) 정관
辛	甲	壬	辛
未	寅	辰	巳
정재 시지(時支)	비견 일지(日支)	편재 월지(月支)	식신 연지(年支)

1부

음양오행과 천간, 지지

1
음과 양

 동양 철학은 우주의 태초 혼돈 상태를 '무극(無極)' 또는 '태극(太極)'이라고 설명한다. 그리고 이 상태(無極而太極)에서 음(陰)과 양(陽)이라는 우주의 기본 질서가 생성되었다고 본다.
 흥미롭게도 이것은 현대 우주론의 빅뱅(Big Bang) 이론과 아주 유사하다. 빅뱅 이론에서도 현재의 우주를 이루는 모든 질량과 에너지가 아주 작은 영역 속에 있다가 어떤 엄청난 척력(斥力)이 순식간(1나노초)에 개입해 단 몇 분 만에 우주를 만들었다고 보고 있기 때문이다. 또한 자연계의 근본 법칙인 열역학 제2법칙에서도 엔트로피는 언제나 낮은 상태에서 높은 상태로 이동한다고 한다. 즉 안정된 저엔트로피 상태에서 무질서한 고엔트로피 상태로 변해 가는 것이 자연의 이치라는 것인데, 이것도 태초의 무극인 상태가 음과 양으로 나뉘어져 초기 질서가 깨진 것과 비슷한 것이다.
 음과 양을 효(爻)로 표현하면 음효는 (- -)이고 양효는 (—)이다. 음은 효가 두 개 있어 안정된 상태이나 약하고, 양은 효가 한 개 있어 불안정한 상태이나 강하다. 이러한 속성 때문에 음과 양은 서로 조화를 이루려고 하며, 자연계에서는 음을 암컷과 난자에, 양은 수컷과 정자에 비유할 수 있다.

한편, 음과 양은 서로 합(合)하고 극(剋)하면서 다섯 가지 요소인 木火土金水라는 오행(五行)을 만들었는데, 이것도 음과 양이라는 저엔트로피 상태가 오행이라는 고엔트로피 상태로 변한 것으로 볼 수 있다.

오행도 그 상태로 가만히 있지 못하고 천간(天干)과 지지(地支)로 다시 나뉘게 되고, 천간과 지지는 수십만 가지의 사주팔자를 구성하는 것으로 보면 결국 동양 철학과 서양 과학은 서로 일맥상통하다고 할 수 있다.

천간은 갑(甲), 을(乙), 병(丙), 정(丁), 무(戊), 기(己), 경(庚), 신(辛), 임(壬), 계(癸)의 열 글자이고, 지지는 자(子), 축(丑), 인(寅), 묘(卯), 진(辰), 사(巳), 오(午), 미(未), 신(申), 유(酉), 술(戌), 해(亥)의 열두 글자로 구성되어 있다. 이 중 천간의 甲, 丙, 戊, 庚, 壬과 지지의 寅, 巳, 申, 亥, 辰, 戌은 양에 해당하고, 乙, 丁, 己, 辛, 癸와 卯, 午, 酉, 子, 丑, 未는 음에 해당한다.

음양과 오행을 분류하면 아래와 표와 같은데, 사주를 이해하기 위해서는 외워 두어야 할 내용이다.

오행	木		火		土		金		水	
색상	파랑		빨강		노랑		흰색		검정	
음양	양				중(中)		음			
	양	음	양	음	양	음	양	음	양	음
천간	甲	乙	丙	丁	戊	己	庚	辛	壬	癸
지지	寅	卯	巳	午	辰,戌	丑,未	申	酉	亥	子

2
오행과 천간

오행(五行)은 지구를 구성하는 기본 물질과 지구 생명체 탄생의 근본적 힘이 무엇이었는지를 설명하고 있다. 오행의 작용이 없었다면 인간은 존재하지 못했을 것이고, 오행에서 천간(天干)의 열 글자도 나오게 된 것이다.

庚金과 辛金의 탄생

인간은 지구 위에서 살아간다. 인간이 발을 디디고 있는 지구는 지각과 맨틀, 외핵과 내핵 등으로 구성되어 있는데, 이 중에서 철을 포함한 액체 금속으로 구성된 외핵은 끊임없는 회전과 대류를 통해 지구 자기장을 발생시킨다. 그래서 지구를 거대한 자석이라고 할 수 있다.

인간이 인간으로서 존재한다는 것은 동물과 달리 '생각'을 할 수 있기 때문이고, 생각은 '뇌의 복잡한 전기적 작용'에 의한 것이다. 그래서 인간의 생각은 지구 자기장의 영향에서 결코 자유로울 수 없으므로, 사주명리학에서 인간의 정신과 주체성 등을 오행의 金에 대입한 것은 매우 타당한 것이다.

金은 양과 음으로 나뉘는데 양금(陽金)을 경(庚)이라고 부르고 음금(陰金)을 신(辛)이라고 부른다. 그리고 金을 십신(十神)으로 나누면 庚金은 비견(比肩)적 성질을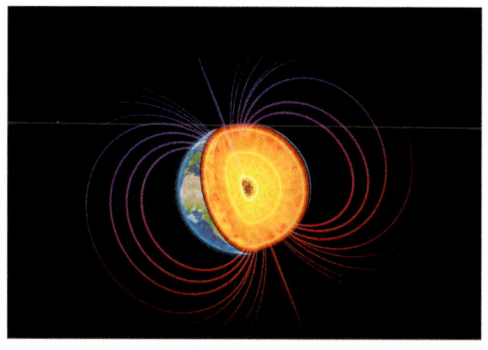
가지고, 辛金은 겁재(劫財)적 성질을 가진다.

壬水와 癸水의 탄생

지구에 생명체가 살 수 있는 필수 조건은 무엇일까? 그것은 대기와 물의 존재다. 지구 대기는 78퍼센트의 질소와 21퍼센트의 산소로 이루어져 있는데, 질소는 생명체의 단백질 합성에 필요한 원소이고 산소는 호흡에 필요한 원소다. 또한 대류권에는 전체 수증기의 99퍼센트가 있다.

이렇게 구성된 지구 대기와 대류권은 지구의 생명체를 키우는 중요한 역할을 하므로 지구 대기를 오행의 水에 대입한 것은 매우 타당하다. 왜냐하면 水는 대기처럼 흘러 다니는 성질과 물이라는 의미를 가지고 있기 때문이다. 한편 지구 자기장(金)은 강력한 태양풍 입자들을 지구 대기권 밖으로 튕겨 내거나 막아 내는 방패 역할을 해서 지구 대기(水)가

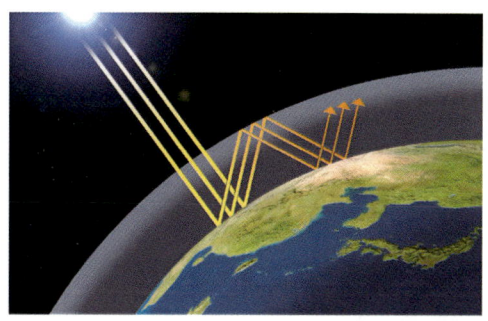

얇아지는 것을 막아 주고 있다. 이것을 뒤에서 설명할 상생상극(相生相剋)의 원리로 보면 金生水라고 할 수 있다.

水는 양과 음으로 나뉘는데, 양수(陽水)를 임(壬)이라고 하고 음수(陰水)를 계(癸)라고 부르기로 했다. 그리고 水를 십신으로 나누면 壬水는 식신(食神)적 성질을 가지고, 癸水는 상관(傷官)적 성질을 가진다.

甲木과 乙木의 탄생

태양계에서 지구와 가장 비슷한 크기와 환경이라는 화성은 과거에는 생명체가 살았을 것으로 추정되지만 지금은 생명체가 없다. 그것은 약 38억 년 전에 화성의 핵이 굳어지면서 화성의 자기장이 사라졌으며 그로 인해 강력한 태양풍

에 의해 화성 대기가 날아가 버렸기 때문이다. 반면 지구는 강력한 자기장이 지구 대기를 보호하고 있어서 생명체가 살 수 있는 기초 환경이 구축되었고, 이후 바다에서 최초의 생명체인 광합성 세균이 만들어지게 되었다. 그리고 식물(木)이 바다에서 육지로 자리를 잡은 이후에 동물도 탄생하게 되었으므로, 사주명리학에서 지구의 생명체를 木으로 보는 것은 매우 타당한 것이다.

한편, 지구 대기(水)는 질소와 산소 그리고 물을 공급해 생명체(木)의 성장을 돕고 있으므로 이를 상생상극의 원리로 보면 水生木이 성립되는 것이고, 인간의 정신(金)은 인간의 육체(木)가 '동물적'으로 움직이는 것을 제어하므로 金剋木도 성립된다고 할 수 있다. 또한 인간(木)이 건강하게 걸어 다닌다는 것은 지구 중력(土)을 이겨 내는 것이므로 木剋土도 성립된다.

木은 양과 음으로 나뉘는데, 양목(陽木)을 갑(甲)이라고 하고 음목(陰木)을 을(乙)이라고 부른다. 木을 십신으로 나누면 甲木은 편재(偏財)적 성질을 가지고, 乙木은 정재(正財)적 성질을 가지게 된다.

丙火와 丁火의 탄생

생명체가 살아가려면 지구 안에는 대기와 물이 있어야 하고 지구 밖에는 태양 빛이 있어야 한다. 사주명리학에서는 태양 빛을 火라고 한다.

빛과 열은 물질이 연소되는 과정에서 자신의 고유한 성질을 잃을 때 발생되는데, 태양 빛과 열(火)은 태양 안에 있는 삼중수소(木)가 극한 환경에서 자신의 고유한 성질을 잃고 헬륨과 같은 다른 물질로 변환이 될 때 나온다. 물론 나무(木)도 연소될 때 빛과 열(火)을 발생시킨다.

이러한 변환 과정을 상생상극의 원리로 보면 木生火가 되는 것이다. 한편 태양풍(火)은 지구 자기장(金)을 불안정하게 만드는데, 이것을 '지자기 폭풍'이라고 하고 이를 상생상극으로 보면 火剋金이 된다. 또한 지구 대기(水)는 태양 빛(火)을 차단하는 역할을 하므로 水剋火도 성립한다.

火는 양과 음으로 나뉘는데, 양화(陽火)를 병(丙)이라고 하고 음화(陰火)를 정(丁)이라고 부르기로 했다. 火를 십신으로 보면 丙火는 편관(偏官)적 성질을 가지고, 丁火는 정관(正官)적 성질을 가진다.

戊土와 己土의 탄생

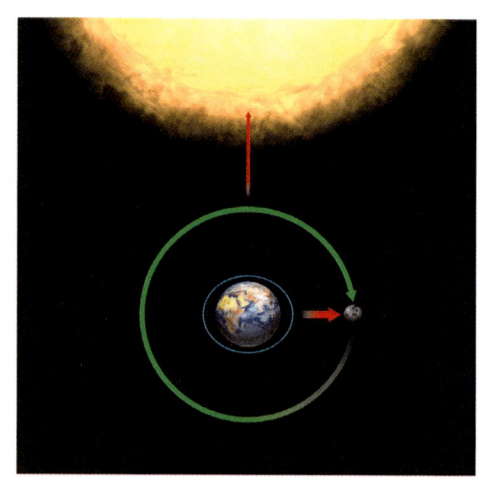

土는 '지구 자체'이면서 질량을 가진 모든 물체가 가지는 '중력'이라고 할 수 있다. 지구는 태양 주변의 먼지와 가스 덩어리들이 모이면서 만들어졌으므로 상생상극의 火生土가 성립되는 것은 너무도 당연하다. 또한 생명(木)이 죽고 없어지면(火) 흙(土)으로 돌아가게 되므로 木生火와 火生土도 성립한다.

지구상의 모든 생명체(木)는 지구 중력(土)을 이겨 내기 때문에 걸어 다니고 성장할 수 있으므로 木剋土가 되는 것이고, 지구 대기(水)도 지구 중력(土)이 강하게 잡고 있어서 우주로 날아가지 않으므로 土剋水도 성립되는 것이다.

한편 초기 지구가 형성될 때 철과 니켈과 같이 밀도가 높은 물질은 지구의 중력(土)에 의해 중심부로 가라앉게 되었고 이후 지구 자기장(金)을 형성하게 되었으므로 土生金도 성립하는 것이다.

土는 양과 음으로 나뉘는데, 양토(陽土)를 무(戊)라고 하고 음토(陰土)를 기(己)라고 한다. 土를 십신으로 나누면 戊土는 편인(偏印)적 성질을 가지고, 己土는 정인(正印)적 성질을 가진다.

3

지지

　지지(地支)는 천간이 지구의 공전과 자전 그리고 달의 공전으로 인해 다양한 비율로 섞여서 만들어진 것이다.
　지구 공전에 의해서 사계절이 생기고 자전으로 인해 낮과 밤이 생긴다. 그리고 달의 공전은 조석 현상을 만들어서 해양의 미생물들이 육지로 올라와 식물을 만드는 데 중요한 역할을 했다. 지지는 시간과 기온 변화와 깊은 관련이 있어서 인간 생활에 직접적인 영향을 미친다.

寅木의 특징

　인(寅)은 음력 1월로 봄의 시작이고 인간이 잠에서 깨어나는 시간인 새벽 3시 30분부터 새벽 5시 29분 사이에 해당한다. 寅은 戊土 7, 丙火 7, 甲木 16의 비율로 구성되어 있는데, 이 중 木이 가장 강한 성질이어서 寅木이라고 부른다. 寅을 물상(物象)으로 보면 위로 높이 자라는 큰 나무와 비슷하고 십이지신(十二支神)으로는 호랑이에 해당한다. 참고로 지지를 구성하고 있는 천간을 지장간(支藏干)이라고 한다.
　寅木은 봄의 시작과 하루의 첫 시작이어서 생동감이 넘치고 새롭게 시

작하려는 기운이 강하다. 그리고 하늘 위로 뻗어 오르려는 기운을 가지고 있어서 성장 욕구와 도전 정신도 강하다. 따라서 寅木의 기본적인 성향은 진취적, 적극적, 독립적, 리더십 등이고, 12지지 중에서 가장 강한 생명력을 가지고 있다.

寅木이 월지(月支)에 있으면 초봄에 태어난 사람임을 의미한다. 월지는 일간(日干)의 사회적인 환경이나 사회적 역할 등을 의미하는데, 이 자리에 寅木이 있으면 세상을 향해 나아가려는 추진력과 개척 정신 등을 타고났다고 본다. 또한 조직이나 사회에서 중심적인 역할을 하려는 욕구가 강하게 작용하게 된다.

寅木이 일지(日支)에 있으면 마음속에 호랑이를 품고 있는 사람임을 암시한다. 일지는 일간의 내면 세계나 배우자와의 관계 등을 의미하는데, 이 자리에 寅木이 있으면 겉으로 드러나는 모습과는 별개로 내면에는 강한 자존심과 독립심 등이 자리 잡게 된다. 또한 호랑이와 같은 활동적이고 역동적인 성향이 강하게 나타나게 된다.

卯木의 특징

묘(卯)는 음력 2월로 봄의 한가운데이고 인간이 활동을 시작하는 시간인 아침 5시 30분부터 아침 7시 29분 사이에 해당한다. 卯는 지장간이 甲木 10, 乙木 20의 비율인데, 木으로만 구성되어 卯木이라고 부른다. 卯는 옆으로 확장하고 퍼지는 성질을 가진 덩굴이나 화초, 꽃 등과 같은 물상이고, 십이지신 중 토끼에 해당한다.

卯木은 봄날의 화창한 기운과 토끼나 화초처럼 귀엽고 예쁜 인상을 준다. 그리고 덩굴처럼 계속 퍼져 나가려는 욕심은 있지만 작은 크기로 인해 민감한 성질도 있다. 卯木은 주변 환경에 잘 적응하는 친화력과 활동성을 가진 지지에 해당한다.

卯木이 월지에 있으면 한봄에 태어난 사람이다. 卯木은 그 자체로 강력한 도화(桃花)의 기운을 지니고 있어, 주변 사람들과 쉽게 어울리고 주목과 인기를 끄는 힘을 타고났다. 이로 인해 대인관계가 원만하고 인맥이 넓은 경우가 많다. 또한 겉으로는 부드러운 풀과 같지만 잡초처럼 강인한 생명력과 뛰어난 환경 적응력을 가지고 있다.

卯木이 일지에 있으면 내면적으로 매우 섬세하고 감수성이 풍부하다. 인정이 많고 따뜻하며 타인과의 공감 능력은 뛰어나지만, 감정의 기복과 속이 여린 면을 가지게 된다.

辰土의 특징

진(辰)은 음력 3월로 봄의 마지막이고 아침 7시 30분부터 아침 9시 29분 사이에 해당한다. 辰은 지장간이 乙木 9, 癸水 3, 戊土 18의 비율로 구성되어 있는데, 土의 성질이 가장 강해서 辰土라고 부른다. 물상으로는 비옥한 토양이나 논밭에 해당하고, 십이지신 중 용에 해당한다.

辰은 봄에서 여름으로 넘어가는 변화가 많은 시기다. 음력 3월인 辰月은 양기(陽氣)가 움직이는 때로, 천둥과 번개가 치고, 농사를 짓기 시작하며 만물이 힘껏 자라기 시작한다. 하늘에 번개가 치면 공기는 플라스마 상태로 바뀌고, 공기 중의 질소는 이온화가 되어 비와 함께 땅에 떨어져서 천연 질소 비료가 된다. 그래서 우리 속담에 "번개가 많이 치는 해는 풍년이 든다."라는 말은 매우 과학적인 것이다. 번개의 이런 작용을 현대 농업에 적용한 것이 바로 '플라스마 농법'이다.

따라서 辰은 우레를 의미하는 한자인 震에서 나온 것이고, 辰土는 활동성과 변화, 그리고 변덕스러운 성질을 지니고 있다.

辰土가 월지에 있으면 늦봄에, 비옥하고 넓은 땅에서 태어난 것과 같다. 辰月生은 스케일이 크고 역동적인 환경에서 자신의 능력을 잘 발휘한다. 안정적이고 작은 조직보다는 대기업이나 변화가 많은 전문 분야 등에서 성공할 가능성을 암시한다.

辰土가 일지에 있으면 土의 성질처럼 과묵하고 안정적으로 보일 수 있지만, 내면에는 큰 야망이나 복잡한 생각 등을 품고 있을 수 있다. 일지에 辰土가 있으면 속마음을 쉽게 헤아리기 어려운 경우가 많다.

巳火의 특징

사(巳)는 음력 4월로 여름의 시작이고 아침 9시 30분부터 낮 11시 29분 사이에 해당한다. 巳는 지장간이 戊土 7, 庚金 7, 丙火 16의 비율이고, 火가 가장 강한 성질이어서 巳火라고 부른다. 巳火는 활짝 핀 빨간 장미와 같은 이미지와 초여름의 뜨거운 햇살과 같은 느낌이고, 십이지신 중 뱀에 해당한다.

巳火는 햇빛의 밝음과 발산하려는 성질을 가지고 있고, 빠르게 움직이는 역동성도 가진 지지다. 5월은 대기의 불안정으로 일교차가 크고 기온 변화가 심한 시기여서, 巳火는 따뜻함과 냉정함, 변덕 등과 같은 기질을 가지고 있다.

巳火가 월지에 있으면 초여름에 태어난 사람이다. 사회궁(社會宮)인 월지에 巳火가 있으면 명예욕과 성공에 대한 갈망이 강하게 나타난다. 그리고 화려하고 활동적인 환경에서 살아간다는 암시도 내포한다.

巳火가 일지에 있으면 자기 자신(일간) 아래에 태양을 둔 것과 같다. 내면에 엄청난 열정과 에너지, 그리고 강한 자존심을 품고 있다. 또한 뱀이 허물을 벗듯, 과감한 변화와 변신을 시도하여 새로운 삶을 개척하려는 의지도 가지고 있다.

午火의 특징

오(午)는 음력 5월로 여름의 한가운데이고 낮 11시 30분부터 낮 1시 29분 사이에 해당한다. 午는 지장간이 丙火 9, 己土 10, 丁火 11의 비율로 구성되어 있으며, 火가 가장 강한 성질이어서 午火라고 부른다. 午火는 물상이 뜨거운 불이고, 십이지신은 말이다.

巳火와 午火는 모두 火의 기운을 지녀 뜨겁고 강렬하다. 그러나 巳火는 빛의 직진성을 띠는 반면, 午火는 불의 확장 성질이 더 강하다. 午火는 폭발성과 다혈질적인 기질을 가지고 있다.

만일 午火가 월지에 위치한다면, 한여름에 태어난 사람의 특성을 보여준다. 타인의 주목을 받는 환경에서 살아가며, 스스로도 무리의 중심이 되고자 하는 욕구가 강하다. 솔직하고 열정적인 성격으로 인해 사회생활에서 두각을 나타내는 경우가 많다.

午火가 일지에 있으면 자기 속에 태양을 품고 있는 것과 같다. 이는 열정적이고 자존심이 강하며 솔직한 감정 표현 등으로 나타난다. 뒤끝은 없는 성격이지만 참을성이 부족할 수 있다.

未土의 특징

미(未)는 음력 6월로 여름의 마지막이고 낮 1시 30분부터 낮 3시 29분 사이에 해당한다. 未는 지장간이 丁火 9, 乙木 3, 己土 18의 비율로 되어 있고, 土가 가장 강한 성질이어서 未土라고 부른다. 未는 7월 중순부터 8월 중순까지로 여름의 열기가 가장 많이 모인 시기다. 이것은 해가 낮 12시 전후에 가장 높이 뜨지만 기온은 오후 2시 전후에 가장 높은 것과 같은 것이다. 未土는 뜨겁고 건조한 땅의 이미지를 가지고 있으며, 십이지신 중 양에 해당한다.

未月은 여름에서 가을로 넘어가기 직전의 시기로, 이때 농작물들이 본격적으로 여물기 시작한다. 농작물은 음력 6월을 잘 견뎌야 좋은 결실을 기대할 수 있다. 그러나 가장 뜨거운 시기인 未月은 시간이 더디게 가는 느낌을 주고, 사람들을 힘들고 지치게 만들 수도 있다.

未土는 잘 익어 가는 벼나 순한 양과 같이 부드럽고 여유 있는 모습으로 보이지만, 내면에는 예민함과 강한 고집 등을 가지고 있다. 이는 마치 순한 양이 한번 고집을 부리면 아무리 밀고 당겨도 네 다리를 뻗고 꼼짝도 하지 않는 모습과 유사한 것이다.

월지에 未土가 있으면 늦여름에 태어난 사람이다. 未月生은 순한 양처럼 무리 생활에 잘 적응하지만, 내면에는 강한 고집과 인내심을 가지고 있어 한 분야의 전문가가 될 가능성이 높다.

일지에 未土가 있으면 외유내강(外柔內剛)의 전형이라고 할 수 있다. 다만 자신의 속마음을 잘 드러내지 않고 혼자 삭이는 경향이 있어 스트레스에는 취약할 수 있다.

申金의 특징

신(申)은 음력 7월로 가을의 시작이고 오후 3시 30분부터 오후 5시 29분 사이에 해당한다. 申은 지장간이 戊土 9, 壬水 7, 庚金 16의 비율이고, 金이 가장 강한 성질이어서 申金이라고 부른다. 申金은 크고 단단한 바위나 금속 또는 8월에 잘 익은 곡식 등과 같은 이미지이고, 십이지신

으로는 원숭이에 해당한다.

申金의 가장 큰 특징은 총명함이다. 또한 申金은 대표적인 '역마살'로서 변화와 이동을 상징하며, 양금(陽金)의 특성상 명예와 권력을 지향하고 자기 주관도 뚜렷하다.

만약 申金이 월지에 있으면 초가을에 태어난 사람을 의미한다. 뜨거운 기운이 물러나고 열매를 맺어 수확을 시작하는 시기처럼, 변화를 통해 가시적인 결과물을 만들어 내는 에너지를 지니게 된다. 또한 강한 자수성가의 기운과 리더십을 타고났으며, 申金의 힘처럼 권력을 다루거나 전문 기술을 활용하는 직업에 종사할 가능성도 있다.

일지에 申金이 있으면 다재다능한 원숭이를 아래에 둔 것과 같다. 두뇌 회전이 빠르고 항상 새로운 것을 추구하는 왕성한 호기심을 가지고 있다. 가만히 있기보다 늘 무언가를 하거나 생각하는 활동적인 성향을 보이며, 과정보다 결과를 중시하는 성향이다.

酉金의 특징

유(酉)는 음력 8월로 가을의 한가운데이고 오후 5시 30분부터 저녁 7시 29분 사이에 해당한다. 酉는 지장간이 庚金 10, 辛金 20의 비율이고 모두 金의 성질이어서 酉金이라고 부른다. 酉金은 칼이나 바늘 등과 같은 날카로운 물건이나 보석, 씨앗과 같은 귀한 물건 등의 이미지가 있다. 또한 완성된 형태, 정밀함, 날카로움, 비판 정신, 뛰어난 재능, 자기 과시 등과 같은 의미를 가지고 있으며, 십이지신으로는 닭에 해당한다.

월지에 酉金이 있으면 한가을에 태어난 사람을 의미한다. 이는 정밀하고 분석적이며 체계적인 환경에서 살아가는 특성을 보여준다. 전문가의 자질을 갖추고 완벽주의적 성향을 지니며, 사회생활에서는 잘못된 것을 바로잡으려는 비판 정신도 강하게 드러낸다.

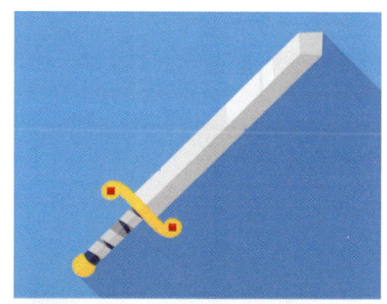

일지에 酉金이 있으면 자신 아래에 보석을 둔 것과 같다. 스스로에 대한 기준이 높고 매우 깔끔한 성향을 보인다. 감정보다는 이성적이고 논리적인 판단을 우선시한다. 또한 용모가 준수한 경우가 많고 자존심이 매우 강한 특징을 지닌다. 酉金이 가진 숙살지기(肅殺

之氣), 즉 차갑게 끊어내는 기운의 영향으로 성격이 날카롭고 예민한 경우가 많다.

戌土의 특징

술(戌)은 음력 9월로 늦가을이고 저녁 7시 30분부터 저녁 9시 29분 사이에 해당한다. 戌은 지장간이 辛金 9, 丁火 3, 戊土 18의 비율로 구성되어 있으며, 土의 성질이 강해서 戌土라고 부른다. 戌土는 추수를 모두 마친 논과 같은 느낌을 준다. 戌土는 풍년의 즐거웠고 행복했던 기억과 늦가을의 메마르고 쓸쓸한 감정을 동시에 품고 있다. 戌은 십이지신 중 개에 해당한다.

지지의 모든 土는 계절이 전환되는 환절기에 해당되어, 대체로 복잡한

감정을 담고 있다. 그럼에도 불구하고 봄에서 여름으로 바뀌는 辰土나 여름에서 가을로 바뀌는 未土, 그리고 겨울에서 봄으로 바뀌는 丑土는 대체로 기쁘고 희망찬 기운이 더 강하게 나타난다. 하지만 戌土의 경우는 다르다. 戌土는 가을에서 겨울로 접어드는 계절 변화를 상징하기에, 쓸쓸함과 우울한 감정이 더 두드러지게 나타나게 된다.

  월지에 戌土가 있으면 늦가을의 마른 땅인 건토(乾土)의 영향으로, 깊이 있는 사고와 남다른 직관력을 가진 경우가 많다. 물질적인 성공보다 정신적인 가치를 추구하는 성향이 강하며, 사회생활에서는 신의를 중요하게 생각하는 듬직한 모습을 보인다.

  일지에 戌土가 있으면 겉모습과 달리 아직 식지 않은 열정과 날카로운 자존심을 품고 있는 경우가 많다. 이들은 자신의 속마음을 쉽게 드러내지 않으며 혼자만의 시간을 즐기려는 경향이 있다.

亥水의 특징

  해(亥)는 음력 10월로 초겨울이고 밤 9시 30분부터 밤 11시 29분 사이에 해당한다. 亥는 지장간이 戊土 7, 甲木 7, 壬水 16의 비율이고 水의 성

질이 강해서 亥水라고 부른다. 亥水는 큰 강이나 호수, 바다와 같은 이미지를 가지고 있으며, 십이지신 중 돼지에 해당한다.

십이지지의 마지막 글자인 亥水는 모든 것을 마무리하고 새로운 시작을 잉태하는 지혜의 바다와 같다. 양(陽)의 활동이 종결되고 음(陰)의 에너지가 가장 깊어지는 시기이므로, 그 깊이를 알 수 없는 바다처럼 무한한 잠재력을 품고 있다. 이러한 특성은 외향적인 활동보다 정신적, 내면적 영역에서 능력을 발휘하고, 모든 것을 받아들이는 바다처럼 넓은 포용력도 있다.

월지에 亥水가 있다는 것은 깊이 있는 학문이나 통찰력이 요구되는 환경과 인연이 깊으며, 인신사해(寅申巳亥)의 역마에 해당되어, 변화와 이동이 잦은 역동적인 삶을 살아갈 가능성도 암시한다.

일지에 亥水가 있으면 겉으로는 감정을 쉽게 드러내지 않지만, 속에는 깊은 감수성과 지혜를 품고 있는 경우가 많다. 특히 지장간에 있는 甲木은 새로운 시작을 준비하는 희망의 씨앗과 같다. 이것은 창의적인 아이디어와 새로운 일을 기획하고 시작하는 데 능력을 발휘하게 한다.

子水의 특징

자(子)는 음력 11월로 한겨울이고 밤 11시 30분부터 새벽 1시 29분 사이에 해당한다. 子는 지장간이 壬水 10, 癸水 20의 비율이고, 水로만 되어서 子水라고 부른다. 子는 만물이 깊게 잠든 시간이고, 신체 활동을 최소화해서 에너지를 보존해야만 살아남을 수 있는 한겨울이다.

子는 씨앗의 뜻을 가지고 있고, 그 안에는 생명 탄생을 위한 모든 에너지가 응축되어 있다. 씨앗은 발아 조건이 갖춰질 때까지 스스로를 보호하며 깊은 휴면 상태를 유지할 수 있는 강인함을 지니고 있다. 실제로 1천년이 넘은 창포 씨앗이 성공적으로 발아된 사례가 씨앗의 놀라운 잠재력을 잘 보여주고 있다.

子水의 물상은 우물이나 지하수 등과 비슷하고, 십이지신으로는 쥐에 해당한다. 쥐가 뛰어난 생존력과 다산(多産) 등을 상징하듯, 子水를 가진 사람은 어떠한 어려운 환경에서도 살아남는 지혜와 강한 생활력을 지니고 있다.

월지에 子水가 있다면, 깊이 있는 지혜와 통찰력이 요구되는 환경에서 살아간다는 의미이다. 어두운 밤과 관련된 분야, 또는 생명과 관련된 분야에 관심이 많을 수도 있다.

일지에 子水가 있으면 강한 생존 본능이 있고, 새로운 것을 시작하고 창조하려는 에너지도 강하다.

표土의 특징

축(丑)은 음력 12월로 겨울의 마지막이고 새벽 1시 30분부터 새벽 3시 29분 사이에 해당한다. 丑은 지장간이 癸水 9, 辛金 3, 己土 18의 비율로 구성되어 있고, 土의 성질이 가장 강해서 丑土라고 부른다. 丑은 자시(子時)의 어둠이 끝나고 새벽(寅時)이 오기 직전의, 가장 춥고 단단하게 얼어붙은 땅이다. 그러나 봄과 아침을 맞이하려는 양(陽) 운동이 시작되는, 강력한 인내와 잠재력을 가진 기운이다. 십이지신으로는 소에 해당한다. 丑土는 인내와 성실, 잠재력, 고집 그리고 전문성 등과 같은 기질을 가지고 있다.

월지에 丑土가 있으면 얼어붙은 동토(凍土)처럼 인내와 끈기가 요구되는 분야에서 삶을 꾸려 나갈 가능성이 있다. 자신을 화려하게 내세우기보다는 조용하지만 확실한 실력자의 모습을 보여준다. 비록 초년기에는 즉각적인 두각을 나타내기 어려울 수 있으나, 시간이 지날수록 성실함을 인정받게 될 것이다.

일지에 丑土가 있으면 매우 성실하고 책임감이 강한 성격을 지니고 있다. 겉으로는 과묵하고 속을 쉽게 알 수 없어 보이지만, 내면에는 깊은 신의와 믿음을 품고 있다. '황소 고집'이라는 말처럼 자기 주관과 고집이 매우 뚜렷하다.

4
생극제화와 합충파해

 모든 자연계는 탄생과 소멸의 과정을 거치며 조화를 이루어 나아간다. 이때의 조화란 어느 한쪽에 일방적으로 맞추는 것이 아닌, 정반합(正反合)을 통해 이루어 나가는 역동적인 과정이다. 사람 또한 자신이 속한 환경 및 타인과 서로 영향을 주고받으며 살아가듯, 사주를 구성하는 오행과 천간, 지지 역시 독립적으로 존재하지 않고 서로에게 끊임없이 영향을 미친다. 사주의 각 글자들은 바로 생극제화(生剋制化)와 형충회합(刑沖會合)이라는 복잡한 과정을 통해 변화하고 발전해 나가는 것이다.
 생극제화와 형충회합의 작용을 단순히 좋고 나쁨, 즉 길흉(吉凶)이라는 이분법으로 나눌 수는 없다. 가령 생(生)하는 것은 무조건 긍정적이고, 극(剋)하는 것은 무조건 부정적이라고 단정할 수 없는 것과 같다. 만일 인간이 안락한 에덴동산에만 머물러 있었다면 지금과 같은 발전은 불가능했듯, 사주 역시 적절한 제어와 긴장이 있어야 더 큰 성장을 이룰 수 있다. 마찬가지로, 사주를 단순히 힘이 강한 신강(身強)사주와 약한 신약(身弱)사주로 구분하여 어느 한쪽이 더 우월하다고 말할 수도 없다.
 사주명리학의 기본 요소인 음양과 오행 그리고 천간, 지지의 의미만 잘 알아도 한 사람의 기본적인 심리와 기질을 파악할 수 있다. 하지만 타인과 관계를 맺으며 살 수밖에 없는 인간의 구체적인 변화와 흐름을 읽어내기 위해서는, 생극제화와 형충회합이라는 상호작용을 이해하는 것이 중요하다.

생극제화

음양에서 비롯된 오행이 만물을 구성하는 원리임은 앞서 설명한 바와 같다. 서양의 헤겔이 정반합의 변증법으로 물질과 인간 사회의 발전을 설명했다면, 동양 철학에서는 상생상극(相生相剋)이라는 핵심 원리로써 이를 설명하고 있다.

우주 만물은 상생(相生)과 상극(相剋)의 작용을 통해서 조화와 균형을 이루고 앞으로 발전해 나가는데, 상생은 어느 한 오행이 다른 한쪽을 도와주는 것이고 상극은 억누르는 것이다. 이를 木을 기준으로 설명해 보자.

木은 火를 生하는 오행이지만 水의 生도 받게 되므로, 木生火가 되면서 水生木도 된다는 것이 '상생'이다. 또한 木은 土를 剋하지만 金의 剋도 받으므로, 木剋土이면서 金剋木이 되는 것을 '상극'이라고 한다.

전 우주를 통틀어서 절대적으로 강한 것은 블랙홀 밖에는 없는 것 같다. 물론 이것도 현재의 지식 수준에서 판단한 것일 뿐이고, 우리가 아는 모든 것들은 언제나 상생하고 상극하는 관계 속에서 자신의 위치를 찾아가고 있다.

상생과 상극은 오행 간의 갈등을 해결하는 제화(制化)의 원리로 발전한다. 만일 木이 金의 剋을 받고 있는데 火가 와서 金을 제압해 준다면, '火로써 金을 제(制)했다'라고 한다. 이것은 강한 힘으로 문제를 직접 해결하는 방식이다.

만일 木이 金의 剋을 받는데 水가 와서 金生水와 水生木의 선순환 구조를 만들어 주면, '水가 와서 金을 좋게 化시켰다'라고 한다. 이것은 소통과 중재를 통해 상생의 관계로 전환시키는, 한 차원 높은 해결 방식이며 이를 '통관(通關)'이라고도 한다.

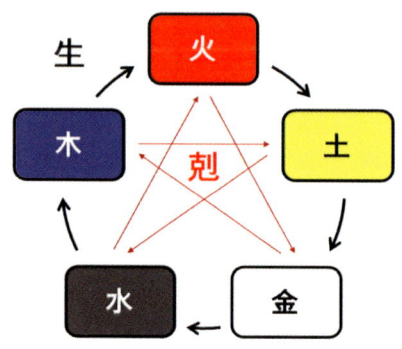

합

① 천간합

　천간합(天干合) 또는 간합(干合)은 한 천간이 다른 천간과 짝을 이루어 서로 강하게 끌어당기는 작용을 말한다. 서로 다른 두 개의 글자가 합(合)을 한다는 것은 새로운 기운으로 변화하려는 강력한 이끌림을 의미한다. 이는 마치 음과 양이 만나 새로운 생명을 잉태하는 것과 비슷하고, 이 때문에 천간합을 '부부지합(夫婦之合)' 또는 '음양지합(陰陽之合)'이라고도 부른다. 천간합은 여섯 번째 글자끼리 짝을 이루는 것으로, 순서에 따라 甲己, 乙庚, 丙辛, 丁壬, 戊癸의 다섯 가지가 있다.

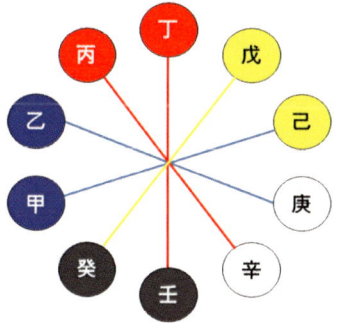

- 甲己합化 土
- 乙庚합化 金
- 丙辛합化 水
- 丁壬합化 木
- 戊癸합化 火

사주명리학의 생극제화와 형충회합이 우주 만물이 조화를 이루는 원리라고 한다면, 천간합은 인생의 각 단계에서 추구하는 핵심적인 가치와 과제가 어떻게 서로 어우러지는지를 보여주는 것이다. 그렇다면 어떤 이유로 천간의 두 글자는 서로 합을 하는 것일까? 아래의 표를 기준으로 이해해 보자.

시주(時柱)	일주(日柱)	월주(月柱)	연주(年柱)
戊	庚(辛)	壬	甲
편인 정신력, 통찰력	비견(겁재) 자아, 주체성	식신 먹고 사는 것, 생명 잉태	편재 성장 욕구
癸	乙	丁(丙)	己
상관 명예, 말(언변)	정재 안정된 가정, 배우자	정관(편관) 안정적인 직장, 명예	정인 부모의 보살핌
戊癸합 火	乙庚합 金	丁壬합 木 丙辛합 水	甲己합 土
[노년기] 열정의꽃(火)을 피우다. 이름과 명예만 남는다.	[중년기] 자기중심(金)을 잡다.	[청년기] 성장과 재물(木), 번식(水)이 중요한 시기	[초년기] 土는 삶의 터전

• 甲己합化 土 : 기반의 형성

인생의 초석을 다지는 초년기는 폭발적인 성장의 욕구(甲木 편재)와 안정적인 부모의 보살핌(己土 정인)이 가장 필요한 시기이다. 이 때문에 연주(年柱)에서 甲木과 己土는 부모와 자식처럼 서로에게 강하게 의지하는 유정한 관계를 형성한다. 연주에서 이 두 기운이 만나 甲己합으로 土를 이룬다는 것은, 역동적인 성장의 에너지가 따뜻한 보살핌과 결합하여 삶의 흔들리지 않는 기반(土)을 만들어 가는 과정을 의미하는 것이다.

또한 甲己합은 양의 시작인 甲木과 음의 중용을 지키는 己土가 만나, 어느 한쪽으로 치우치지 않는 가장 이상적인 상태의 土로 화(化)하는 원리이다. 이 때문에 甲己합을 '중정지합(中正之合)'이라고도 하며, 사주에 중정지합이 있는 사람은 신의가 있고 품위가 있으며, 넓은 포용력을 지닌 성품을 보인다.

• 丁壬합化 木, 丙辛합化 水 : 성취를 향한 열망

사회에 첫발을 내딛는 청년기는 스스로 먹고사는 문제(壬水 식신)를 해결하고, 안정적인 직장과 사회적 명예(丁火 정관)를 추구하는 열망이 가장 강한 시기이다. 또한 이 시기에는 짝을 만나 가정을 이루고 생명을 잉태(水)하려는 본능 또한 강하게 나타나게 된다.

청년기의 이러한 핵심 과제는 오행의 합을 통해 상징적으로 드러난다. 월주(月柱)에서 丁壬합이 木을 생성하는 것은 사회적 성취를 통해 재물(木 재성)을 이루어 가는 과정을 나타내며, 丙辛합이 水를 이루는 것은 지혜를 바탕으로 생명을 잉태하고 확장하는 본능(水 식상)을 상징하는 것이다.

한편, 丁壬합은 밤하늘의 달과 별(丁火)이 거대한 호수(壬水)에 비치는 낭만적인 모습이다. 음과 양의 기운이 깊이 교감하여 생명(木)을 탄생시키는 합이다. 이를 일컬어 '인수지합(仁壽之合)'이라고도 한다. 사주에 인수지합이 있는 사람은 다정다감하고 감수성이 풍부하며, 생명을 키우는 마음(仁)이 있어 어질고 총명하다. 다만, 정(情)이 때로는 애정 문제로 이어지기 쉬워 '음란지합(淫亂之合)'이라고도 한다.

丙辛합은 하늘의 태양(丙火)과 땅의 보석(辛金)이 만나, 태양 빛이 보석에 반사되어 찬란하게 빛나는 모습이다. 그 위세가 주변을 압도한다 하여 이를 '위엄지합(威嚴之合)'이라고도 한다. 위엄지합이 있는 사람은 위엄과 권위를 갖추고, 총명하고 사람을 끄는 매력이 있다. 그러나 때로는 자신의 이익을 위해 냉정하게 변하거나 권력 지향적인 모습을 보이기도 한다.

- **乙庚合化 金 : 자아의 확립**

일간(日干)은 사주의 주체이면서 자아를 상징하므로, 여기에는 庚金 비견이 자리하게 된다. 그리고 일간과 한몸인 일지(日支)는 배우자를 의미하고, 안정된 가정의 기반이 되므로 乙木 정재가 자리하게 된다. 중년기는 바로 이 '나(庚金)'와 '나의 배우자(乙木)'가 일심동체가 되어 인생의 풍파를 함께 헤쳐 나가는 시기라는 것을 의미한다.

일주(日柱)에서 이 두 기운이 만나 乙庚합하여 金을 이룬다는 것은, 부드러움(乙)과 강함(庚)이 조화를 이루어 변치 않는 '자기중심(金)'을 확립하고 인생의 결실을 맺는 과정을 상징한다.

한편, 乙庚합은 부드러운 풀(乙木)과 강인한 쇠(庚金)가 만나, 더욱 단단하고 의리 있는 금(金)으로 변하는 원리이기도 하다. 인(仁)을 상징하는 乙木과 의(義)를 상징하는 庚金이 결합하였다 하여 이를 '인의지합(仁義之合)'이라고도 한다. 사주에 인의지합이 있는 사람은 강직하고 의리가 넘치며 결단력이 있는 성품을 나타낸다. 겉으로는 부드러워 보여도 속은 매우 강인한 외유내강의 모습을 보인다.

• 戊癸合化 火 : 결실과 이름을 남기다.

노년기에 이르면 신체 기능은 약해지지만, 내면의 정신력과 통찰력(戊土 편인)은 더욱 깊어진다. 또한 행동은 둔화되지만 언변(癸水 상관)은 더 활발해지는 경향이 있다. 이러한 노년의 특성으로 시주(時柱)에는 戊土와 癸水가 배치되는 것이며, 이 둘은 서로를 필요로 하는 의존적인 관계를 형성한다.

이 두 기운이 만나 戊癸합하여 火를 이룬다는 것은 두 가지 의미를 지닌다. 첫째, 인생의 모든 지혜와 경험이 응축되어 마지막 '열정의 꽃(火)'을 피워냄을 상징한다. 둘째, 육신이 스러진 후에는 오직 자신의 이름과 명예(火)만이 남게 된다는 인생의 철학도 담고 있다.

한편, 戊癸합은 늙은 남자(戊土)와 젊은 여자(癸水)의 만남에 비유되기도 한다. 이는 서로의 목적을 위해 만난 계산적인 합으로 '정(情)이 없다'고 하여 '무정지합(無情之合)'이라 부른다. 사주에 무정지합이 있는 사람은 겉으로는 다정하고 이성에게 인기가 많아 보이지만, 내면은 매우 현실적이고 이해타산적인 면이 있다. 감정에 치우치기보다 냉철한 판단을 우선시하는 실리주의자의 기질도 가지고 있다.

② 지지합 - 삼합

삼합(三合)은 지지의 여러 작용 중에서 가장 강력하고 목적 지향적인 결합으로, 단순히 세 글자가 모인 것이 아니라 하나의 계절을 열고, 정점을 찍고, 마무리하는 거대한 순환의 원리를 담고 있다. 이는 자연계가 '생(生) → 왕(旺) → 고(庫)'의 과정을 거치는 것과 같다. 즉, 특정 오행이 태어나는 생지(生支), 가장 왕성한 기운인 왕지(旺支), 그리고 활동을 마치고 에너지를 저장하는 고지(庫支), 이 세 글자가 만나 강력한 하나의 세력인 국(局)을 형성하는 것이다. 예를 들어 해묘미(亥卯未) 삼합은 목국(木局)을 형성하는데, 木기운은 亥月(음력 10월)에서 시작(生)되어 卯月(음력 2월)에 가장 왕성(旺)해지며, 未月(음력 6월)에 그 역할을 다하고 창고에 저장(庫)되는 자연의 순환 과정을 의미하는 것이다.

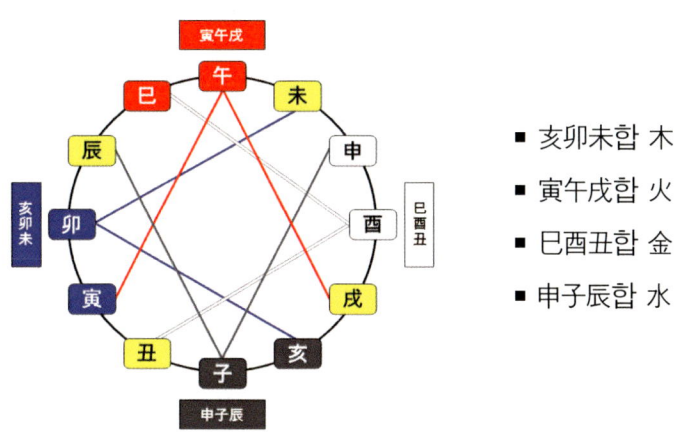

- 亥卯未합 木
- 寅午戌합 火
- 巳酉丑합 金
- 申子辰합 水

삼합은 세 글자가 모두 모여야 완벽한 국(局)을 이루지만, 두 글자만 모여도 반합(半合)이 성립된다. 반합은 왕지(旺支)를 중심으로 생지나 고지가 만나는 경우(예: 亥卯, 卯未)에 성립하며, 삼합에 버금가는 강력한 작용을 한다. 그리고 합을 이루는 글자들이 사주 내에서 서로 떨어져 있어도(예: 연지와 일지) 합의 기운을 보이지만, 바로 옆에 붙어 있을 때보다는 그 결속력과 작용력은 많이 약해진다. 또한 사주 원국에 두 글자만 있고 나머지 한 글자가 대운이나 세운에서 들어와도 삼합을 이룬다. 이때는 해당 오행의 기운이 폭발적으로 강해지는 변화를 보이게 된다.

우리가 흔히 말하는 삼재(三災)는 바로 이 삼합의 원리에서 파생된 신살(神殺) 이론이다. 예를 들어 해묘미(亥卯未)년생, 즉 돼지띠, 토끼띠, 양

띠는 모두 木기운을 강하게 가지고 있다. 그런데 이 木기운은 삼합의 마지막 해인 未년에 소멸되므로, 소멸하기 직전 3년 동안 여러 가지 어려움을 겪을 수 있다는 것이 삼재 이론이다.

그러나 이러한 삼재 풀이는 사주 여덟 글자 전체가 아닌 띠에 해당하는 연지(年支) 한 글자만을 기준으로 삼기 때문에, 해석의 정확성이 크게 떨어질 수 있다.

• 亥卯未합 木 : 창조와 추진력

사주에 해묘미 목국(亥卯未 木局)이 형성되면, 진취적인 추진력으로 새로운 시도를 즐기게 된다. 또한 끊임없이 배우고 발전하려는 의지와 한번 목표를 설정하면 끈기 있게 밀고 나가는 힘이 강해진다. 그러나 삼합으로 사주 내에 木기운이 지나치게 강해지면, 타인의 의견을 수용하기보다 자신의 고집을 내세우는 경향이 강해진다. 또한 이상과 현실의 차이에서 오는 내적 갈등이 생기거나, 융통성 부족으로 주변과 마찰을 빚을 수도 있다.

• 寅午戌합 火 : 열정과 명예

사주에 인오술 화국(寅午戌 火局)이 형성되면, 매사 뜨거운 에너지를 쏟아내는 특징이 나타난다. 이는 왕성한 활동성과 명예를 추구하는 성향으로 이어지며, 강한 자신감과 밝고 긍정적인 기운은 리더의 기질로 나타난다. 그러나 삼합으로 인해 火기운이 사주에 지나치게 강해질 경우, 성정이 조급해지고 인내심이 부족해지기 쉽다. 또한 자신의 주장을 강하게 내세우는 독단적인 모습이나 충동적인 성향을 보일 수 있으며 감정의 기복이 심하게 나타나기도 한다.

• 巳酉丑합 金 : 결실과 권력

사주에 사유축 금국(巳酉丑 金局)이 형성되면, 원칙과 규칙을 바탕으로 확실한 결과와 실질적인 성공을 끌어내려는 강한 추진력이 나타난다. 의리와 정의감이 투철하고 결단력이 뛰어나며, 매사를 정확하고 논리적으로 처리하는 능력이 탁월하다. 그러나 삼합으로 인해 금기운이 사주에 지나치게 강해질 경우, 지나친 냉철함이 인간적인 정이 부족한 모습으로 비칠 수 있다. 또한 자기 주관이 너무 확고하여 주변과 마찰을 빚기 쉬우며, 날카롭고 강직한 기운이 때로는 공격적인 태도나 비판적인 언행으로 이어지기도 한다.

• 申子辰합 水 : 지혜와 처세술

사주에 신자진 수국(申子辰 水局)이 형성되면, 지혜가 깊고 상황 변화를 읽는 통찰력이 뛰어나다. 水는 오상(五常)의 지(智)에 해당하므로, 사물과 현상을 깊이 있게 탐구하고 분석하는 능력이 탁월하다. 또한 물처럼 유연하게 변화에 적응하며 어떤 환경에서도 살아남는 뛰어난 생존력과 처세술을 지닌다. 그러나 삼합으로 인해 水기운이 사주에 지나치게 강해질 경우, 생각이 너무 많아져 결정이 늦어지거나 우유부단해질 수 있다. 타인을 쉽게 믿지 못하고 의심하는 경향이 생기기 쉬우며, 과도한 水기운은 내향적이고 음울한 성향으로 이어지기도 한다. 또한 물은 유혹이나 비밀스러운 관계와도 연관이 깊어, 이성 문제나 유흥에 빠져들 가능성도 주의해야 한다.

③ 지지합 - 방합

지지 방합(方合)이란 동일한 계절이나 동일한 방위(方位)에 속하는 지지들이 만났을 때를 말한다. 이는 삼합(三合)이 서로 다른 오행이 모여 새로운 오행을 생성하는 것과는 본질적으로 다르다. 방합은 '같은 성(姓)'을 쓰는 친족들이 만난 것처럼, 동일한 오행의 기운이 협력하여 그 세력을 극대화하는 특징을 지닌다. 방합은 지지의 합 중에서 가장 순수하고 방대한 세력을 형성하는 결합이다.

방합도 삼합과 마찬가지로 두 글자만 모여도 반합(反合)이 성립한다(예: 寅卯, 卯辰). 그러나 왕지가 없는 두 글자의 조합(예: 寅辰)은 합의 작용력이 거의 없다. 반합이더라도 사주 내 용신과 연관될 때는 중요한 작용을 한다.

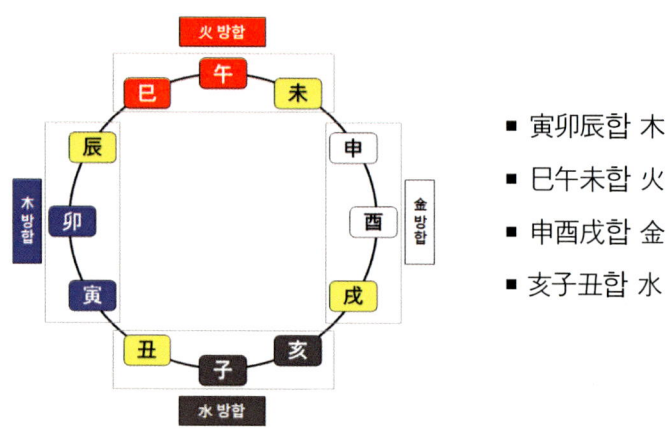

- 寅卯辰합 木
- 巳午未합 火
- 申酉戌합 金
- 亥子丑합 水

• 寅卯辰합 木 : 봄 기운의 응축

사주에 인묘진 목(寅卯辰 木) 방합이 형성되면, 강력한 성장 욕구를 바탕으로 한 왕성한 추진력을 지니게 된다. 늘 새로운 것을 배우고 시도하려는 의지가 강하며, 매사에 진취적이고 활동적인 모습을 보인다. 그러나 방합으로 木기운이 지나치게 강해질 경우, 자기 주장이 너무 강해져 고집스럽고 독선적인 모습으로 비칠 수 있다. 자기 뜻을 굽히지 않아 주변과 마찰을 빚기 쉬우며, 때로는 성급한 판단이나 융통성 부족으로 좋은 기회를 놓칠 수도 있다.

• 巳午未합 火 : 여름 기운의 응축

사주에 사오미 화(巳午未 火) 방합이 형성되면, 매사에 열정적이고 활동성이 강한 성향을 보인다. 또한 오상(五常) 중 예(禮)의 기운이 강해 예의 바른 모습을 갖추고 있다. 그러나 방합으로 火기운이 지나치게 강해질 경우, 성급하고 충동적인 성향이 두드러지기 쉽다. 인내심이 부족하여 쉽게 싫증을 내거나 제어되지 않는 폭발적인 성향으로 타인과 잦은 다툼을 일으킬 수 있으니 주의가 필요하다.

• 申酉戌합 金 : 가을 기운의 응축

사주에 신유술 금(申酉戌 金) 방합이 형성되면, 강한 의리와 정의감을 지니게 된다. 원칙을 중요시하고 매사 공정하며, 논리적이고 분석적인 사고력이 뛰어나다. 한 번 마음먹은 일은 꾸준히 밀고 나가 결과를 만드는 데 탁월한 능력을 보인다. 그러나 방합으로 金기운이 지나치게 강해질 경우, 고집이 강하고 융통성이 부족해지기 쉽다. 타협하지 않는 완고함과 비판적인 시각으로 인해 차갑고 냉정하다는 인상을 줄 수 있다.

• 亥子丑합 水 : 겨울 기운의 응축

사주에 해자축 수(亥子丑 水) 방합이 형성되면, 지혜롭고 총명하며 깊이 사색하는 성향을 보이게 된다. 물처럼 유연한 사고방식과 뛰어난 처세슐로 어떤 환경에도 잘 적응한다. 그러나 방합으로 水기운이 지나치게 강해질 경우, 우유부단하거나 생각이 많아 행동이 느려질 수 있다. 내성적이고 비밀이 많아 외로움을 느끼기 쉬우며, 음습하고 부정적인 생각에 빠지기 쉽다.

④ 지지합 - 육합

지지 육합(六合)은 열두 지지가 맺는 가장 개인적이고 친밀한 합으로, 흔히 '유정지합(有情之合)'이라 부른다. 전통 이론에서는 육합이 되면 새로운 오행으로 변화한다고 하지만, 현대에서는 본래 글자의 작용력에 약간의 새로운 작용력이 더 생긴다고 해석한다.

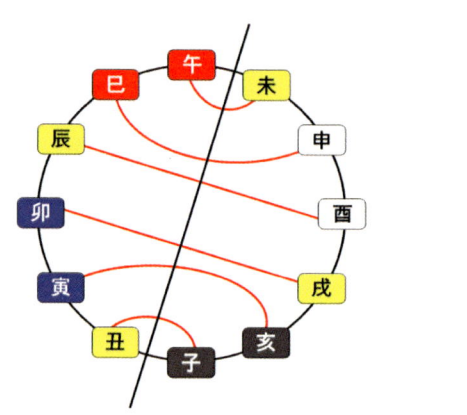

- 午未합, 子丑합
- 寅亥합, 辰酉합
- 卯戌합, 巳申합

· 계절의 합 : 午未합, 子丑합

오미합은 한여름인 음력 5월과 음력 6월이 만난 것으로, 사오미(巳午未) 화국(火局)과 비슷한 강한 火의 기운을 형성한다. 자축합은 한겨울인 음력 11월과 음력 12월이 만난 것으로, 해자축(亥子丑) 수국(水局)과 비슷한 강한 水의 기운을 형성한다. 하지만 차가운 물이 언 땅을 묶어 버리는 형국이라, 土의 성질로 변한다는 견해도 많다.

• 상생의 합 : 寅亥합, 辰酉합

인해합은 水生木의 원리에 따라 木기운을 더 강하게 만든다. 마찬가지로 진유합은 土生金의 원리에 따라 金의 기운을 형성한다. 이 두 합은 순리적인 결합으로, 안정적인 발전(木)과 성장(金)을 암시하는 긍정적인 합이다.

• 삼합 원리의 합 : 卯戌합, 巳申합

묘술합은 해묘미(亥卯未) 목국(木局)의 왕지인 卯木과, 인오술(寅午戌) 화국(火局)의 고지인 戌土가 만난 것이다. 이는 木生火의 이치에 따라 火기운을 만들어낸다. 또한 사신합은 사유축(巳酉丑) 금국(金局)의 생지인 巳火와, 신자진(申子辰) 수국(水局)의 생지인 申金이 만난 것이다. 이는 金生水의 원리에 따라 水기운을 형성한다고 본다.

충

① 천간충

'희귀한 지구(Rare Earth)' 가설에 의하면 태양계에 있는 지구가 골디락스 지대(Habitable Zone)에 위치하면서 생명체를 가질 수 있는 확률은 100억분의 1에서 1조분의 1 정도로 매우 낮은 수준이라고 한다. 이것은 현재의 우리 지구는 아직도 저엔트로피 상태(*우주 빅뱅 당시는 '극저'엔트로피 상태였다)라는 것을 암시하는 것이고, 따라서 지구의 모든 물질들은 사주명리학의 기본 질서인 상생상극의 기본 질서에 따라 움직인다고 볼 수 있는 것이다.

이러한 관점에서 보면 천간충(天干沖)은 안정된 상극(相剋)의 질서에서 벗어난 격렬한 충돌 현상이다. 예를 들어, 甲木과 庚金이 만나게 되면 金剋木이 아니라 甲庚충의 작용이 일어나 甲木과 庚金 모두가 손상을 입게 된다. 이는 안정된 질서에 균열이 생긴 것이고, 예측 불가능한 급진적인 변화가 발생됨을 의미하는 것이다. 그렇다면 어떤 상황에서 충이 발생되는 것일까?

지구에 사는 인간(甲木)은 지구 자기장(庚金)의 영향에서 결코 벗어날 수 없다. 인간이 현재와 같은 안정된 의식 상태를 유지할 수 있는 것은, 바로 인간과 지구 자기장과의 관계가 金剋木의 질서 안에서 안정적으로 유지되고 있기 때문이다.

그런데 만일 甲木의 힘이 강한 상태인데 바로 옆자리에 庚金이 놓인다면, 甲庚충이 발생하게 된다. 이로 인해 안정적인 金剋木의 질서가 무너지며, 두 글자 모두 타격을 입게 된다. 전통적인 해석에서는 甲木의 강약과 무관하게 충이 성립된다고 하지만, 이는 사주의 역학 관계를 고려할 때, 논리적이나 실증적으로 타당하지 않은 해석이다.

천간충의 작용을 십신(十神)의 관계로 이해하면 그 본질을 더욱 명확히 파악할 수 있다. 예를 들어 甲庚충은, 甲木 일간의 입장에서는 자신을 공격하는 편관을, 庚金 일간의 입장에서는 자신이 감당해야 할 불안정한 활동 무대인 편재를 만난 것이 된다. 그런데 편관과 편재는 십신 중에서 가장 역동적이고 예측 불가능한 에너지를 가진 인자이다. 따라서 사주에 천간충이 있다는 것은 이처럼 다루기 힘든 기운이 항상 긴장 상태를 유발하여 평상시보다 마음과 행동이 조급해지고, 이로 인해 갑작스러운 사고나 실수를 유발할 가능성이 커짐을 의미한다. 그래서 천간충이 되면 대체로 부정적으로 해석하게 되는 것이다. 한편, 천간충은 일곱 번째 글자와 충을 하기 때문에 칠충(七沖)이라고도 한다.

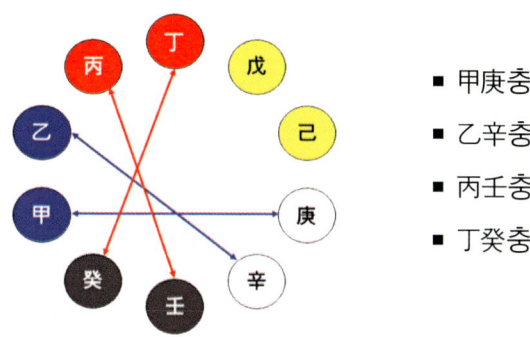

- 甲庚충
- 乙辛충
- 丙壬충
- 丁癸충

• 甲庚충 : 급진적인 변화

갑경충은 양의 기운끼리의 강한 충돌이므로, 그 충격이 크고 즉각적으로 나타난다. 이를 긍정적으로 해석하면, 낡고 비효율적인 체계를 단번에 무너뜨리고 새로운 질서를 세우는 강력한 추진력으로 해석할 수 있다. 그러나 대부분의 경우, 삶의 주요 영역에서 예측 불가능한 급진적인 변동이나 갑작스러운 단절 등을 의미한다.

• 乙辛충 : 내면의 갈등과 예민함

을신충은 부드러운 음목(陰木)과 날카로운 음금(陰金)이 만난 것이다. 이는 예리한 칼날이 연약한 화초를 잘라내는 모습과 같아, 신경을 자극하는 지속적인 고통이나 예민한 반응을 유발하는 경향이 있다. 을신충을 긍정적으로 보면, 예리한 통찰력이나 날카로운 비판 정신, 혹은 섬세하고 정교한 기술 및 분석력으로 해석하기도 한다.

- **丙壬충 : 명성과 명예의 변동**

병임충은 양화(陽火)인 태양과 양수(陽水)인 거대한 물과의 충돌이다. 이는 명예나 권위 등에 급작스러운 변화를 암시하고 그 규모도 상당하다. 이 때문에 관직이나 사업을 하는 사람에게 부정적인 변동을 유발할 수 있다. 그러나 병임충을 긍정적으로 해석하면, 기존의 낡은 사상을 허물고 더 넓고 깊은 비전을 제시하는 혁신적인 힘으로 보기도 한다.

- **丁癸충 : 내면의 불안정**

정계충은 음화(陰火)인 작은 불과 음수(陰水)인 작은 물의 섬세한 충돌이다. 이는 양(陽)의 충돌처럼 급작스럽고 격렬하기보다, 촛불이 빗물에 서서히 꺼져 가듯 정신적인 우울증과 무기력증, 소외감 등을 유발하는 내면적인 갈등을 암시한다. 그러나 이러한 정계충을 긍정적으로 해석하면, 깊은 자기 성찰을 통해 정신적인 치유를 얻거나, 남다른 예술적 감수성을 발달시키는 계기가 되기도 한다.

② **지지충**

지지충이란 지지의 열두 글자 중 서로 정반대 방향에 위치한 글자들이 만날 때 발생하며, 이는 단순한 오행의 상극을 넘어 강렬한 변화와 조정을 유발하는 에너지이다. 따라서 지지충은 주로 공간의 이동이나 행동 영역의 큰 변화를 수반하는 경우가 많다.

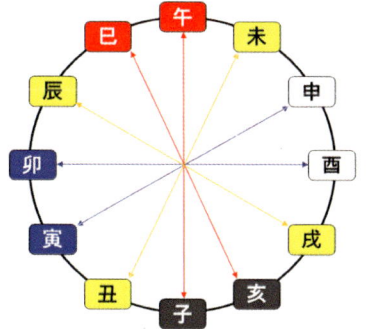

- 寅申충, 巳亥충
- 子午충, 卯酉충
- 辰戌충, 丑未충

• 寅申충, 巳亥충 : 변화와 이동의 생지충(生支沖)

인신충은 봄의 시작인 寅木과 가을의 결실인 申金이 부딪히는 역동적인 충돌이다. 시작과 결실, 전진과 제어의 갈등을 의미하며 이사, 이직, 출장 등 활동 영역에 큰 변화를 유발한다.

사해충은 여름과 겨울의 만남이고, 밝음과 어두움의 만남이다. 외향적인 활동과 내면적인 생각이 교차하며, 이로 인해 비밀이 드러나거나 숨겨진 문제가 발생하는 등 구설수나 관계의 단절로 이어지기도 한다.

• 子午충, 卯酉충 : 자존심과 감정의 왕지충(旺支沖)

자오충은 극음(極陰)인 子水와 극양(極陽)인 午火의 충돌이다. 극과 극의 에너지가 충돌하여 정신적인 불안정과 감정 기복을 암시하며, 가정 불화나 연인과의 갈등 등으로 나타나기 쉽다.

묘유충은 확장과 성장을 상징하는 卯木과 완성과 날카로움을 상징하는 酉金이 서로 충돌하는 것이다. 이로 인해 신경이 예민해지고 주변과의 마찰이 잦아지며, 때로는 이별이나 배신 등의 관계로 인한 아픔을 겪기도 한다.

- 辰戌충, 丑未충 : 내면과 현실의 고지충(庫支沖)

진술충은 습토(濕土)인 辰土와 건토(乾土)인 戌土의 충돌이다. 같은 土끼리의 충돌이어서 다른 충에 비해 격렬함은 덜하지만, 숨겨 왔던 내면의 문제가 드러나거나 기존 환경에 변화가 발생된다. 때로는 법적 분쟁이나 소송으로 이어질 수 있다.

축미충은 냉습토(冷濕土)인 丑土와 조열토(燥熱土)인 未土와의 충돌이다. 이는 오래 묵혀 둔 에너지의 충돌로, 오랜 습관이나 관계의 청산, 혹은 부동산이나 상속 문제의 변동 등 묵혀 둔 현실적인 문제의 변화를 암시한다.

형파해

지지의 그 밖의 작용으로는 형(刑), 파(破), 해(害)가 있는데, 형파해는 합과 충만큼의 작용력은 없고, 미세한 조정이나 갈등을 추가하는 역할 정도만 한다. 형파해는 참고 수준으로만 봐도 좋다.

① 형

형(刑)은 형살(刑殺)이라고도 하는데, 형은 동일한 성질이나 동일한 글자가 만나서 생각과 행동이 강해진 상태이다. 과도한 에너지가 서로 부딪히고 다듬어지는 과정에서 갈등, 조정, 관재수, 배신 등의 현상으로 나타날 수 있다. 또는 자만심과 무절제, 무례 등으로도 나타날 수 있다.

형은 세 글자 구성된 삼형(三刑)의 작용력이 가장 크고, 그다음은 두 글자 구성된 상형(相刑)이고, 같은 글자로 된 자형(自刑)은 영향력이 가장 낮은 수준이다.

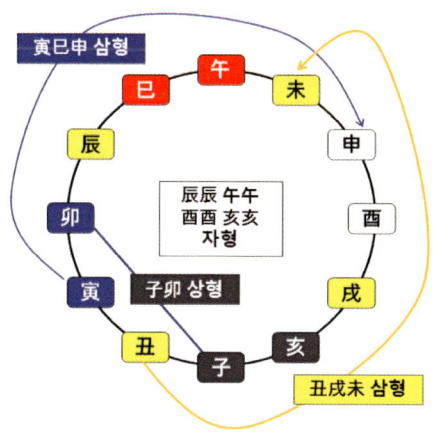

- 寅巳申삼형, 丑戌未삼형(三刑)

여러 사람이나 여러 문제가 얽혀 배신이나 소송 등과 같은 예측 불가능한 문제가 발생될 수 있다.

- 子卯상형(相刑)

두 글자 간의 문제로, 주로 무례함이나 감정적 마찰 또는 애정 문제 등으로 나타난다.

- 辰辰, 午午, 酉酉, 亥亥자형(自刑)

같은 글자가 만나 해당 기운이 지나치게 강해지는 것이다. 내면적 갈등이나 집착 등으로 나타날 수 있다.

② 파

파(破)는 단어 뜻 그대로 '깨뜨리고 부수는' 작용을 한다. 이는 처음에는 잘 협력하다가도, 시간이 지나면서 서로의 관계를 깨뜨리거나 계획을 무너뜨리는 것을 의미한다. 파는 두 개의 글자가 동일한 생지이거나 동일한 왕지, 동일한 고지이면서 바로 옆 계절의 글자끼리 만났을 때이다.

바로 옆 계절의 생지끼리 있으면 寅亥파와 巳申파가 되는데 이것은 寅亥합과 巳申합도 동시에 성립된다. 바로 옆 계절의 왕지끼리 만나면 午卯파와 子酉파라고 한다. 그리고 옆 계절의 고지끼리 만나면 丑辰파와 戌未파가 된다.

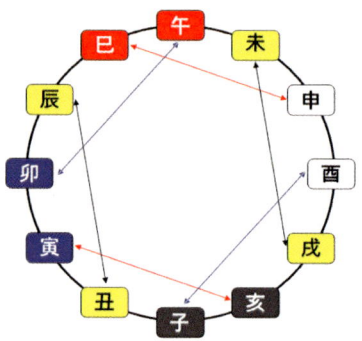

③ 해

해(害)는 서로를 '해롭게 한다'는 의미로, 주로 시기, 질투, 방해 등으로 인해 계획이 어그러지거나 관계가 틀어지는 것을 암시한다. 합이나 충에 비해 작용력이 약한 편이다.

해에는 子未해, 丑午해, 寅巳해, 申亥해, 卯辰해, 酉戌해가 있다. 이 중에서 子未해와 丑午해 정도만 영향력이 있다. 子未해는 未가 午의 바로 옆 글자이므로 子午충과 유사한 작용력이고, 丑午해도 子午충과 비슷한 작용력이다.

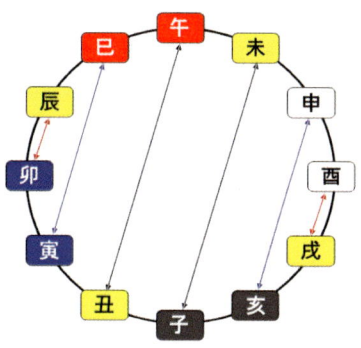

ㅤㅤㅤㅤㅤㅤㅤㅤㅤ5

12신살

　12신살(神殺)은 삼합(三合)을 기준으로 지지 간의 작용력을 나타내는 이론이다. 띠(年支)를 기준으로 사주를 간단하게 풀이할 수 있다는 장점 때문에 예로부터 널리 쓰이고 있다.

　12신살은 12년을 주기로 매년 비슷한 기운이 반복된다는 원리이다. 그러나 이를 실증해 보면 12신살이 잘 맞는 사람이 있는가 하면 전혀 맞지 않는 사람도 있다. 이는 모든 사람을 삼합이라는 네 개 그룹으로만 구분해서 풀이한 것이기 때문이다.

　하지만 12신살 이론을 떠나, 지난 수십 년간 자신의 삶에 있었던 주요 사건들을 정리해 보는 것은 의미가 있다. 개인의 삶을 수십 년간 관찰하면 일정한 주기로 비슷한 현상들이 반복되는 것을 발견할 수 있을 것이다. 이는 자연의 사계절이 순환하듯, 인간의 운세 또한 일정한 주기를 가지고 상승과 하강, 변화와 안정을 반복하기 때문이다. 만일 일정 주기로 비슷한 패턴이 나타난다면 자신의 미래를 예측하고 대비할 수 있는 가장 확실한 방법을 찾은 것이다. 12신살 이론은 바로 이러한 '삶의 반복적인 주기와 지혜'를 12년이라는 주기 안에 상징적인 단어로 압축시켜 놓은 것이라고 할 수 있다.

　12신살은 삼합의 생왕고(生旺庫) 운동이 근간인데, 지살(地殺)은 삼합의 생지(生支)이고 장성살(將星殺)은 왕지(旺支), 그리고 화개살(華蓋殺)은 고지(庫支)로서 각 단계의 구심점이 된다.

한편 아래의 그림과 같이 12신살의 월살(月殺)에서 역마살(驛馬殺)에 이르는 시기는 운의 상승기로서 긍정적 작용을 암시하고, 반대로 화개살(華蓋殺)에서 지살(地殺)로 이어지는 구간은 운의 전환 및 하강기로서 부정적 작용이 일어난다.

[12신살의 흐름]

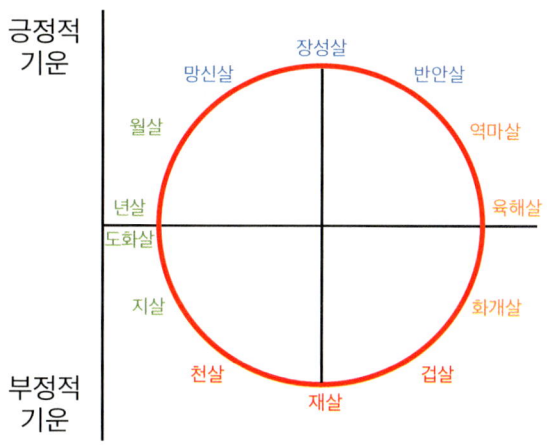

[띠(연지)별 12신살 해당 연도]

띠 (연지)	스스로 변화를 도모			자신감, 성공, 안정			어쩔 수 없는 변화			정반대 기운과 충돌		
	지살	년/도	월살	망신	장성	반안	역마	육해	화개	겁살	재살	천살
巳酉丑	巳	午	未	申	酉	戌	亥	子	丑	寅	卯	辰
	2001년 2013년 2025년	2002년 2014년 2026년	2003년 2015년 2027년	2004년 2016년 2028년	2005년 2017년 2029년	2006년 2018년 2030년	2007년 2019년 2031년	2008년 2020년 2032년	2009년 2021년 2033년	1998년 2010년 2022년	1999년 2011년 2023년	2000년 2012년 2024년
寅午戌	寅	卯	辰	巳	午	未	申	酉	戌	亥	子	丑
	1998년 2010년 2022년	1999년 2011년 2023년	2000년 2012년 2024년	2001년 2013년 2025년	2002년 2014년 2026년	2003년 2015년 2027년	2004년 2016년 2028년	2005년 2017년 2029년	2006년 2018년 2030년	2007년 2019년 2031년	2008년 2020년 2032년	2009년 2021년 2033년
亥卯未	亥	子	丑	寅	卯	辰	巳	午	未	申	酉	戌
	2007년 2019년 2031년	2008년 2020년 2032년	2009년 2021년 2033년	1998년 2010년 2022년	1999년 2011년 2023년	2000년 2012년 2024년	2001년 2013년 2025년	2002년 2014년 2026년	2003년 2015년 2027년	2004년 2016년 2028년	2005년 2017년 2029년	2006년 2018년 2030년
申子辰	申	酉	戌	亥	子	丑	寅	卯	辰	巳	午	未
	2004년 2016년 2028년	2005년 2017년 2029년	2006년 2018년 2030년	2007년 2019년 2031년	2008년 2020년 2032년	2009년 2021년 2033년	1998년 2010년 2022년	1999년 2011년 2023년	2000년 2012년 2024년	2001년 2013년 2025년	2002년 2014년 2026년	2003년 2015년 2027년

스스로 변화를 도모하는 시기

① 지살

지살(地殺)은 땅을 돌아다닌다는 의미이고, 새로운 터전을 개척하고 활동 영역의 확장을 주도하는 기운이다. 지살은 역마살과 마찬가지로 이동성을 핵심 특징으로 하지만, 역마살이 외부 환경이나 타의에 의한 '비자발적' 이동이라면, 지살은 자신의 명확한 목표와 계획에 따라 '스스로 변화를 추구하면서 움직이는 것'이라는 차이가 있다. 그러므로 지살해에는 자신감을 가지고 적극적이고 능동적으로 활동하는 것이 좋다.

② 년살(도화살)

년살(年殺)은 지살 해부터 시작된 새로운 변화와 노력이 외부로 발산되고, 그 성과를 누리고자 하는 기운이다. 이 시기에는 자신의 매력과 능력을 세상 밖으로 적극적으로 드러내고 싶은 심리가 강해지고, 강한 자기표현 욕구가 발현된다. 이 때문에 년살을 대중의 주목과 인기를 끄는 도화살(桃花殺)이라고도 한다. 도화살이 긍정적으로 작용할 때는 예술적 재능을 발휘하거나 사교계에서 인기를 얻겠지만, 만일 이 기운이 과도하게 작용하면 술, 도박, 이성 관계 등에서 구설수에 오를 수 있으므로 주의가 요구된다.

③ 월살

월살(月殺)은 지살의 능동적 변화와 년살의 화려함을 거친 후에 맞이하는 일시적인 소강 상태나 휴식기를 의미한다. 월살 해에는 목표와 방향성을 잃고 심리적 공허함이나 정신적인 갈등 상태에 빠질 수 있다. 따라서 이 시기에는 무리한 확장이나 새로운 시작보다는 신중하게 내실을 다지는 지혜가 필요하다. 달(月)이 밤과 어두움을 상징하기 때문에 월살이라고 한다.

자신감, 성공, 안정의 시기

① 망신살

망신살(亡身殺)은 자신이 속한 삼합 기운(오행)과 동일한 기운(오행)을 만난 때다. 자신의 기운과 동일한 기운을 만나게 되면 자신감과 추진력이 극대화되며, 이를 바탕으로 폭 넓은 인간관계와 사회적 활동 영역이 크게 확장된다. 그러나 에너지가 넘치기 때문에 평소보다 더 과감하고 적극적으로 행동하게 되면 자칫 실수나 구설수에 오를 수 있어서 망신살이라고 한 것이다.

② 장성살

장성살(壯盛殺)은 자신이 속한 삼합 운동의 중심이자 기운이 정점에 이르는 왕지(旺支)를 만난 해이다. 왕지는 '제왕(帝王)'의 자리를 상징하므로, 장성살에는 개인의 기운이 최상으로 발현되어 강력한 리더십, 추진력, 권위가 부여된다. 이 시기는 12신살 주기에서 에너지가 가장 왕성한 때이다. 이처럼 장성살은 12년 주기에서 가장 좋은 시기인데 왜 '살(殺)'이라고 했을까? 그것은 과도한 자신감은 독선과 아집으로 변질될 수 있으며, 이는 주변 사람들과의 불화나 마찰을 유발하는 원인이 되기 때문이다. 또한 이미 정점에 올랐다는 심리는 변화를 싫어하는 보수적이고 고집스러운 모습으로 나타날 수도 있다.

③ 반안살

반안(攀鞍)은 '말안장에 올라타 있다'라는 뜻으로, 최고의 위치에 오른 후 말안장에서 그 권세와 직위를 누리려는 안정된 시기를 의미한다. 반안도 장성과 마찬가지로 12신살 주기에서 가장 안정되고 좋은 시기이지만, 말에 올라탔으면 언젠가는 내려와야 할 때가 온다는 것을 암시하기도 한다. 따라서 이 시기에는 성취에 안주하거나 교만하지 말고, 겸손과 덕을 베풀며 다음 단계를 준비하는 지혜가 필요하다.

반안살과 같이 안정된 환경에서는 시험 준비와 자격증 공부 등에 집중할 수 있으며, 실제로 반안살 해에 합격 운이 강하게 작용한다고 한다.

어쩔 수 없는 변화를 맞이하는 시기

① 역마살

우주의 모든 기운은 순환의 법칙을 따르게 된다. 가장 높은 수준의 성과를 냈다면 그 후에는 반드시 낮은 결과가 나오게 되어 있다. 지살부터 시작된 긍정적이고 좋은 변화의 흐름은 장성살에서 최고에 다다르고, 반안살부터 서서히 내리막을 타게 된다.

반안살 이후부터는 비자발적인 변화, 즉 어쩔 수 없는 변화가 시작되는데 이것을 역마살(驛馬殺)이라고 한다. 역마살이 도래하는 해는 삼재(三災)가 시작되는 첫해와 정확히 일치한다. 그래서 삼재는 본질적으로 '예측 불가능한 변화와 변동의 시기'라는 속성을 지니게 된다. 이 시기부터는 자신의 의도와는 다른 직업 변동, 이사, 인간관계의 재편 등을 겪을 수 있으므로, 늘 살피고 조심해야 한다.

② **육해살**

육해살(六害殺)은 역마살로 시작된 삼재의 변동성이 가장 깊어지는 시기로, '어쩔 수 없는 변화'의 한가운데 있는 기운이다. 육해살은 개인의 의지나 노력으로는 제어하기 어려운 장애와 고난에 직면하여, 정신적 스트레스가 가중되고 무력감에 빠지기 쉽다. 육해는 병고, 재산탕진, 가난빈곤, 관재형벌, 생리사별, 불의사망 등 6가지의 해로움이라는 뜻이다. 육해살이 있다고 해서 반드시 이러한 것들이 생기는 것은 아니지만, 매사에 신중을 기하고 건강과 재산을 보수적으로 관리하는 지혜가 요구된다.

③ **화개살**

화개(華蓋)는 '화려함(華)을 덮는다(蓋)'는 의미다. 이는 삼합 운동의 마무리 단계인 고지(庫支)이고, 삼재의 마지막 해이기도 하다. 화려했던 과거(망신살, 장성살, 반안살)가 어쩔 수 없는 변화(역마살, 육해살, 화개살)로 완전히 사라진다는 의미이다. 화개살 해에는 화려했던 과거가 정리된 시기이므로, 필연적으로 고독감과 외로움 등이 생길 수 있다. 하지만 이는 동시에 깊은 사색, 종교, 철학, 예술 활동을 통해 정신적 성숙을 이룰 기회이기도 하다. 화려함을 덮는다는 것은 외부로 향하던 시선을 거두고 내면의 깊이를 더하는 과정이기 때문이다.

정반대의 기운과 충돌하는 시기

① 겁살

겁살(劫殺)은 삼합의 기운이 겁탈당한다는 의미로, 삼합의 입장에서 보면 가장 나쁜 시기가 시작되는 때이다. 겁살 해에는 기존의 질서와 안정이 송두리째 흔들려서, 자신의 의지와는 무관하게 외부의 압력이나 예측 불가능한 사건으로 인해 재물, 명예, 건강 등을 빼앗기거나 손실을 볼 수 있다. 매사에 신중을 기하고 불필요한 충돌을 피하는 것이 손실을 최소화하는 지혜이다.

② 재살

재살(災殺)은 삼합의 왕지와 충(沖)이 발생되는 때로 가장 나쁜 기운을 가지고 있다. 겁살이 갑작스러운 돌발 상황과 억울함 등이라면, 재살은 그로 인해 상황이 더 악화되어 마치 '감옥에 갇힌' 것과 같아, 일명 '수옥살(囚獄殺)'이라고도 한다.

③ 천살

천살(天殺)은 '인간의 의지로 어찌할 수 없는 하늘이 내린 기운'을 맞이하는 때이다. 천살도 재살 해와 마찬가지로 자중하고 순리에 따르는 자세가 필요하다. 하지만 천살은 12신살 흉운의 마지막 단계이자 새로운 희망이 잉태되는 전환점이기도 하다. 따라서 이 시기만 잘 보내면 다음 해부터는 좋은 기운이 들어오기 때문에, 이 해에는 본능적으로 종교나 철학, 독서 등에 관심이 커지게 된다.

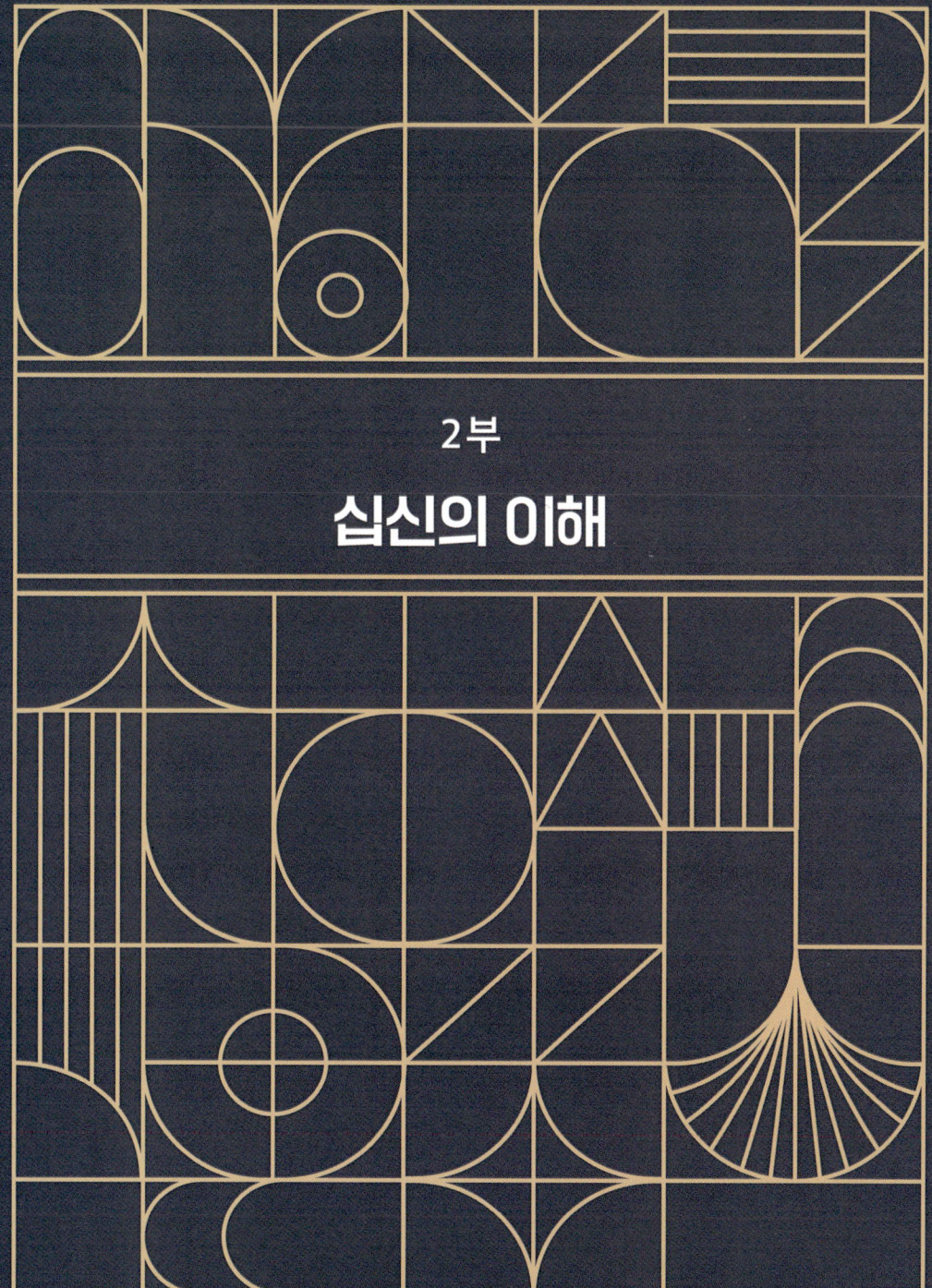

2부

십신의 이해

십신(十神)이란 사주 명리학의 핵심 개념으로 일간과 타 간지와의 관계를 의미한다. 이를 통해 개인의 기질, 심리, 사회적 관계 등을 분석할 수 있다.

사주는 총 여덟 개의 글자로 구성되므로 최소 두 개 이상의 십신은 사주원국에 들어갈 수 없다. 그러나 특정 십신이 사주에 없다고 해서 해당 기질이 전무하다고 해석해서는 안 된다. 그것은, 인간은 생존에 필요한 모든 본능적 기제를 잠재적으로 가지고 태어나기 때문이다. 원국에 드러난 십신은 그 성향이 '강하게 발현'됨을 의미하는 것이고, 없으면 상대적으로 '약하거나 잠재되어 있음'을 뜻하는 것일 뿐이다.

십신은 일간과의 음양 관계에 따라 크게 편(偏)과 정(正)으로 나뉜다. 편의 속성을 가진 십신은 비견, 식신, 편재, 편관, 편인이고, 일간과 음양이 같다. 정의 속성을 가진 십신은 겁재, 상관, 정재, 정관, 정인이고, 일간과 음양이 다르다.

偏	비견(比肩)	식신(食神)	편재(偏財)	편관(偏官)	편인(偏印)
正	겁재(劫財)	상관(傷官)	정재(正財)	정관(正官)	정인(正印)

일간이 바뀌면 십신의 명칭도 바뀌게 되는데, 예를 들어 甲木 일간에게 寅木은 비견이지만 丙火 일간에게는 편인으로 된다. 아래 표는 일간에 따른 십신의 변화를 나타낸 것이다.

일간\간지	甲 寅	乙 卯	丙 午	丁 巳	戊 辰,戌	己 丑,未	庚 申	辛 酉	壬 亥	癸 子
甲木	비견	겁재	식신	상관	편재	정재	편관	정관	편인	정인
乙木	겁재	비견	상관	식신	정재	편재	정관	편관	정인	편인
丙火	편인	정인	비견	겁재	식신	상관	편재	정재	편관	정관
丁火	정인	편인	겁재	비견	상관	식신	정재	편재	정관	편관
戊土	편관	정관	편인	정인	비견	겁재	식신	상관	편재	정재
己土	정관	편관	정인	편인	겁재	비견	상관	식신	정재	편재
庚金	편재	정재	편관	정관	편인	정인	비견	겁재	식신	상관
辛金	정재	편재	정관	편관	정인	편인	겁재	비견	상관	식신
壬水	식신	상관	편재	정재	편관	정관	편인	정인	비견	겁재
癸水	상관	식신	정재	편재	정관	편관	정인	편인	겁재	비견

그러나 십신으로서의 역할이 변한다고 하더라도 해당 글자가 가진 오행 본래의 속성까지 소멸되는 것은 아니다. 예를 들어 乙巳일주에서 巳火는 乙木의 상관이고 辛巳일주에서 巳火는 辛金의 정관이지만, 巳火의 본래 속성인 밝음과 따뜻함, 확산 등과 같은 기본 성질은 기저에 항상 유지되는 것이다.

본론에서는 이러한 십신이 어떻게 탄생하였는지 그 근원을 인간의 DNA에 각인된 원초적 생존 본능의 관점에서 탐구해 보고자 한다.

1
비견과 겁재

아주 먼 옛날, 원시 인간은 광활한 자연 속에서 매우 나약한 존재였다. 그들은 현생 인류처럼 도구를 사용하여 동물을 사냥할 능력도, 농업을 할 지능도 갖추지 못했다. 먹을거리를 얻기 위해 동물을 사냥하  는 것은 목숨을 건 매우 어려운 일이었고, 오히려 날카로운 발톱과 강력한 힘을 가진 맹수들로부터 자신을 보호하는 것이 더 중요했을 수도 있다. 이러한 혹독한 환경 속에서 개인이 혼자 살아가는 것은 거의 불가능했다. 그래서 원시인들은 생존을 위해 어쩔 수 없이 집단을 구성해야만 했고, 사주명리학에서 의미하는 비견(比肩)과 겁재(劫財)는 바로 이러한 집단생활 속에서 나타나는 인간의 근원적인 생존 본능과 깊은 관련이 있다. 이는 개인과 타인과의 관계 그리고 생존을 위한 경쟁과 협력을 설명하는 개념이다. 비견은 생존을 위해 협력해야 하는 동료이고, 겁재는 한정된 먹을거리를 두고 경쟁해야 하는 경쟁자와 같은 것이다.

사주에서 비견은 일간과 오행 및 음양이 모두 같은 것이다. 예를 들어 甲木 일간에게 甲木과 寅木은 비견이다. 겁재는 일간과 오행은 같지만 음양이 다른 것으로, 甲木 일간에게 乙木과 卯木은 겁재가 된다.

비견

비견(比肩)은 한자의 견줄 비(比)와 어깨 견(肩)으로, '어깨를 맞추다', '어깨를 나란히 하다'라는 뜻을 가지고 있다. 이는 수평적 관계에 있는 대등한 존재, 즉 형제자매나 친구, 동료, 경쟁자 등 자신과 동등한 위치의 인물을 상징하는 개념이다.

초기 인류는 수렵과 채집을 통해 생존했으며, 외부의 위협으로부터 자신을 보호하기 위해 집단생활이 필수적이었다. 이 시기에 집단에서의 이탈은 생존의 포기, 즉 죽음을 의미했을 것이다. 그러나 인간의 지능이 발달하면서 점차 자의식이 생겨났고, 도구와 무기의 사용으로 개인의 역량이 발달되면서 점차 독립적인 생존도 가능해졌다. 이는 집단 내에서도 개인의 존재감을 드러내고 식량과 권력 등을 확보하려는 경쟁 심리로 발달되었다.

비견은 무리를 이루려는 협력적 본능과 그 안에서 자신의 몫을 확보하고 자아를 실현하려는 독립적이고 경쟁적인 심리가 공존하는 심리이다.

① 비견의 기본 특성

- 비견은 무리나 집단에 소속되려는 강한 욕구이다.
- 비견은 동질감을 통해 유대감을 형성하려는 욕구이다.

- 비견은 수평적 관계를 형성하려는 욕구이다.
- 비견은 공동의 목표를 위해 협력하려고 한다.
- 비견은 자의식을 바탕으로 주체성과 주관을 가진다.
- 비견은 외부의 간섭이나 통제에 거부감을 가진다.
- 비견은 기존 권위에 쉽게 순응하지 않으려 한다.
- 비견은 자신의 이익과 권리를 먼저 확보하려고 한다.
- 비견은 비슷한 실력을 가진 동료를 경쟁자로 인식한다.
- 비견은 친화력이 좋으며, 솔직담백하게 표현한다.
- 비견은 추상적인 논의보다 현실적인 판단을 한다.

② 庚金 일간과 비견

庚金이 일간에 있으면 비견적 성향과 유사한 기질을 나타낸다. 庚金의 가장 두드러진 의식 구조는 바로 '현재성(現在性)'에 있다. 이는 庚金이 지닌 명확하고 현실적인 본성에서 비롯된 것이다. 庚金은 모호함을 싫어하고 불필요한 감정이나 과거에 대한 미련 또는 미래에 대한 막연한 불안감에 얽매이기보다는 '지금 여기'의 현실을 있는 그대로 직시하려는 경향이 강하다.

물상적으로 庚金은 제련되지 않은 단단한 원석이나 큰 바위에 비유된다. 이는 묵직하고 견고하며, 쉽게 변치 않는 인상을 주고, 언행일치의 모습과 꾸밈없는 솔직함으로 나타난다. 또한 庚金은 대인관계에서 '나와 타인'을 명확히 구분된 독립적 개체로 인식한다. 따라서 타인의 영역을 존중하며 불필요한 간섭을 하지 않으려는 태도를 보이는 경향이 있다. 그러나 庚金의 견고함은 때로 강한 주관과 고집, 융통성 없는 모습으로 비칠 수 있다.

③ 일지 비견의 작용

일지(日支)에 비견이 자리하면, 강한 자아와 주체성을 바탕으로 독립적인 삶을 지향하는 성향이 뚜렷하게 나타난다. 이는 타인에게 의존하기보다 스스로의 힘으로 자수성가 하려는 의지가 강하며, 생활력 또한 뛰어난 경우가 많다.

일지는 배우자궁이므로, 이곳에 비견이 있다는 것은 배우자를 동등한 인격체이자 친구 같은 동반자로 여긴다는 의미이다. 따라서 권위적이기보다는 수평적인 관계를 선호하는 특징을 보인다.

일지가 비견인데 신약(身弱)사주라면 배우자가 인생의 든든한 조력자이자 버팀목이 되어 주어 함께 성장하는 이상적인 관계를 형성한다. 반면, 사주가 신강(身强)하면 배우자가 오히려 경쟁자처럼 작용하여 과도한 자존심과 고집으로 인한 주도권 다툼이나 잦은 갈등을 유발할 수 있다.

④ 월주 비견의 작용

월주(月柱)는 개인의 사회적 토대와 대인관계를 관장하는 자리로, 특히 청년기의 활동을 상징한다. 이곳에 비견이 자리할 경우, 사주의 강약에 따라 그 사회적 성향이 달리 나타나게 된다. 신약사주에게 월주 비견은 든든한 동료와 친구라는 우호적인 인적 네트워크를 의미하여, 이를 바탕으로 원만한 협력 관계를 구축하고 시너지를 창출하는 힘이 된다. 반면, 신강사주에서는 비견의 독립성이 과도하게 발현되어, 조직의 위계질서에 순응하기보다는 독자적인 노선을 추구하려는 성향이 강해진다. 이로 인해 타인과의 협력보다는 개인적인 활동에서 더 큰 안정감을 느끼게 된다.

겁재

겁재(劫財)는 '재물(財)을 뺏는다(劫)'라는 뜻으로, 무리 내에서 먹을 것을 더 많이 차지하려는 경쟁심과 그 과정에서 서열을 정하려는 생존 본능을 상징하는 십신이다. 이는 수평적 협력 관계를 지향하는 비견과는 본질적으로 다른 속성이다. 비견이 '공동 생존'을 위한 동료 의식이라면, 겁재는 '개인의 생존 우위'를 확보하기 위한 경쟁 심리라 할 수 있다.

이러한 차이는 편(偏)과 정(正)의 기질로도 설명할 수 있다. 비견이 순수한 자기 보존이라는 원초적 본능(偏)이라면, 겁재는 타인과의 관계 속에서 자신의 위치를 찾는 사회적이고 이성적(正)인 것이다. 따라서 겁재는 비견보다 한층 더 치밀하고 전략적인 모습을 띠게 된다.

인간관계에서 비견과 겁재는 모두 동료나 친구, 형제 등 수평적인 관계를 의미한다. 다만 겁재는 일간과 음양이 다르기 때문에 이성(異性) 형제나 친구, 혹은 나와 기질이 다른 경쟁자를 상징하고, 비견은 동성(同性)의 관계를 주로 나타낸다.

① 겁재의 기본 특성

- 겁재는 강한 독립성과 주체성으로 주도적 기질을 지닌다.
- 겁재는 비견보다 더 치열한 경쟁심과 승부욕을 가진다.
- 겁재는 타인을 의식하며 자신의 유불리를 계산한다.
- 겁재는 목적 달성을 위해 전략적인 사고를 한다.
- 겁재는 자존심이 강해 남에게 지는 것을 못 참는다.
- 겁재는 남의 것을 뺏기도 하지만 빼앗기지 않으려는 기질도 강하다.
- 비견이 안정적인 현재 상태를 유지하려는 속성이라면, 겁재는 새로운 질서를 만들려는 속성이다.

② 辛金 일간과 겁재

辛金이 일간에 있으면 겁재적 성향을 나타낸다. 庚金이 제련되지 않은 원석의 투박함과 강직함을 상징한다면, 辛金은 완성된 보석이나 날카로운 칼과 같이 정교하고 예리한 성향을 지닌다. 또한 辛金 겁재는 만추(晚秋)의 서릿발 같은 숙살지기(肅殺之氣)를 품고 있어, 목표를 향한 집요함과 냉철한 판단력을 갖추고 있다. 감정에 치우치기보다 이해득실을 정확히 계산하는 이성적인 면도 강하다.

辛金은 대인관계에 명확한 기준을 가지고 있어, 자기 사람에게는 모든 것을 내어줄 듯이 헌신하지만, 자신의 영역을 침범한 사람은 냉정하게 밀쳐 버린다. 辛金 겁재는 남의 것을 빼앗으려는 것보다 자신의 것을 지키려는 방어적 기질이 더 강하다.

③ 일지 겁재의 작용

일지에 겁재가 자리한 경우, 비견처럼 강한 자존심과 독립심을 기본적으로 가지지만, 자신의 영역이 침해당하는 것에 훨씬 예민하게 반응하는 차이가 있다. 평소에는 그 성향이 잘 드러나지 않다가도 위기 상황에 닥치면 내면에 잠재되어 있던 강력한 승부욕과 생존 본능이 발동하여 문제를 정면으로 돌파하려는 기질이 나타난다.

배우자와의 관계는 동반자의 형태를 보인다. 서로에게 과도하게 의존하거나 기대를 걸기보다 각자의 개성과 사적인 영역을 존중한다. 이 때문에 때로는 스스럼없는 친구처럼, 때로는 경쟁하는 오누이처럼 티격태격 다투기도 한다. 하지만 결정적인 위기의 순간에는 서로를 신뢰하고 지지하는 가장 든든한 조력자가 되어 주는, 독특하고 복합적인 관계를 형성하는 것이 특징이다.

만일 사주가 신약인 경우라면, 일지 겁재는 힘든 세상을 함께 헤쳐 나갈 수 있는 동반자이자 큰 힘이 되어 주는 귀인으로 작용한다. 그러나 신강이라면, 배우자가 인생의 주도권을 두고 경쟁하는 라이벌 관계로 될 수 있다.

④ 월주 겁재의 작용

월주의 겁재는 청년기 시절과 사회적 관계에서 '경쟁을 통한 자기 증명'을 가장 중요하게 생각한다. 이는 '용의 꼬리가 되느니 닭의 머리가 되겠다'는 강한 독립성과 승부욕으로 나타나며, 만일 자신이 최고가 될 수 없는 환경에서는 경쟁을 회피하거나 무리를 떠나는 극단성을 보이기도 한다.

겁재는 일간의 강약에 따라 그 작용이 다르게 나타난다. 신강사주의 겁재는 일간의 강한 에너지를 더욱 증폭시켜, 강한 자신감과 추진력에 더해 지나친 자기중심성으로 발현될 수 있다. 이로 인해 주변 사람들과의 마찰을 빚거나 불필요한 경쟁을 유발할 수 있다.

반면 신약사주에서 겁재는 경쟁 환경에 대한 압박감이나 '언제나 빼앗길 수 있다'는 불안감으로 나타난다. 또는 타인의 성공에 대해 예민하게 반응하는 모습을 보일 수도 있다.

2
식신과 상관

원시 인류가 거친 자연환경 속에서 생존하기 위한 가장 중요한 것은 바로 무리를 이루는 능력과 먹을 것을 찾아내는 능력, 그리고 종족 번식 등이었다. 그리고 많은 시간이 흐른 후 더 쉽고 효율적으로 먹을거리를 확보하는 방법과 종족을 발전시키기 위한 정교한 규칙 등을 만들어 냈다.

식신이 채집과 같은 원시적인 방법이라면, 상관은 농사와 같은 발달된 기술이라 할 수 있다. 마찬가지로, 먹을 것을 찾고 번식하려는 순수한 본능이 식신이라면, 불을 사용해 요리하거나 무리의 규칙을 만드는 것은 상관의 영역이다. 따라서 상관은 식신보다 한층 더 정교하고 이성적인 작용이라 할 수 있다.

식신은 일간이 生하는 오행이면서 일간과 음양이 같은 것이다. 예를 들어 甲木 일간에게 丙火와 巳火는 식신에 해당한다. 식신은 음양이 동일하여 일간의 기운이 순하게 소통되어, 안정적이고 깊이 있는 전문성으로 나타난다.

상관은 일간이 生하는 오행이지만, 일간과 음양이 다른 것을 말한다. 예를 들어 甲木 일간에게 丁火와 午火는 상관이 된다. 상관은 음양의 기운이 부딪히며 조화를 이루므로, 기존의 것을 개혁하는 비판적인 지성과 뛰어난 응용력으로 발현된다.

식신

식신(食神)은 '먹을 것(食)의 신(神)'이라는 뜻으로, 십신 중에서 유일하게 '신(神)'이라는 글자가 부여된 길신(吉神)이다. 이는 '먹고사는 문제'가 인간의 모든 활동 중에서 가장 근본적이고 신성한 본능임을 상징하는 것이다. 이러한 중요성 때문에 예로부터 사주팔자에 식신 한 글자만 있어도 평생 의식주 걱정은 하지 않는다고 하였다.

모든 생명체는 생존하기 위해 먹지만, 동시에 번식을 위해서도 먹어야만 한다. 그래서 먹는 것과 출산하는 것은 별개의 행위가 아닌 것이다. 그런데 번식이라는 것은 자신의 유전자를 밖으로 끄집어내는 행위이므로, 식신은 자기 속에 있는 생각과 재능을 외부로 표현하고 창조하는 모든 활동을 포괄적으로 상징하는 것이다. 수컷 공작이 화려한 깃털을 뽐내어 구애하는 행위, 장인이 몰입하여 작품을 빚어내는 행위, 학자가 연구 결과를 글로써 세상에 알리는 행위 모두가 식신적 활동에 속한다.

① 식신의 기본 특성

- 식신은 안정적인 의식주 환경을 잘 찾는 본능이다.
- 식신은 미각, 후각 등이 발달하여 미식가적 기질이 있다.
- 식신은 하나의 대상에 깊이 몰입하는 집중력과 관찰력이 뛰어나다.
- 식신은 독창적인 아이디어를 만들어 내는 능력이 있다.
- 식신은 문학, 예술, 연구, 기술 등에 관심이 많다.
- 식신은 안정된 상태를 유지하려는 보수적 성향이다.
- 식신은 멋과 풍류를 즐기려고 한다.
- 식신은 자신을 아름답게 꾸미고, 표현하려고 한다.
- 식신은 이성에 대한 관심과 관계 형성 능력이 뛰어나다.
- 식신은 자식 양육에 대한 깊은 본능을 가지고 있다.

② 壬水 일간과 식신

壬水가 일간에 있으면 식신적 기질을 가진다. 壬水의 본질은 지구 대기의 확산성과 바다의 유동성과 같은 것으로, 이는 다양한 분야에 호기심과 관심으로 이어진다. 대기와 바다가 어떤 환경에도 유연하게 반응하듯, 壬水 일간은 새로운 환경이나 변화에도 빠르게 융화되고 적응하는 능력이 뛰어나다.

壬水 일간은 뛰어난 사교성으로 폭넓고 유연한 인간관계를 형성하는 능력도 있다. 그러나 바다의 깊이를 쉽게 알 수 없는 것처럼, 겉으로 드러나는 유연하고 개방적인 모습 뒤에는 자신의 속마음을 쉽게 드러내지 않으려는 이중적인 모습도 있다.

③ 일지 식신의 작용

일지에 식신이 있으면, 타고난 낙천성과 현실 감각을 바탕으로 삶을 안정적으로 꾸려 나가는 힘을 지닌다. 자신의 재능과 노력을 믿고 현재에 충실하며, 강한 생활력으로 의식주 문제에 큰 어려움을 겪지 않는 것이 특징이다.

또한, 호기심과 손재주가 뛰어나 어떤 일이든 직접 부딪쳐 경험으로 배우려는 성향이 강하다. 특히 일지 식신의 힘이 강하면, 틀에 얽매이지 않는 자유분방한 기질과 자신의 감정을 꾸밈없이 솔직하게 드러내는 모습을 보인다. 다만, 사주가 신약할 경우에는 주의가 필요하다. 일간의 에너지가 식신으로 과도하게 설기(洩氣)되어, 재능과 활동은 많지만 실질적인 결실로 이어지지 못하고 일만 많이 벌이는 양상이 될 수 있기 때문이다.

배우자궁인 일지에 식신이 있으면, 자식처럼 아끼고 보살펴주고 싶은 이성을 배우자로 선택하려는 경향으로 나타난다.

④ 월주 식신의 작용

청년기의 사회 활동과 대인관계를 의미하는 월주에 식신이 있으면, 자신의 생각과 감정을 부드럽고 긍정적으로 표현하는 데 뛰어나다. 또한, 타인의 입장을 헤아리는 공감 능력이 뛰어나 주변으로부터 좋은 평판을 얻는다.

단순 반복적인 업무보다는 자신의 아이디어와 재능을 자유롭게 펼칠 수 있는 창의적인 분야에서 능력을 발휘하며, 주로 예술, 교육, 연구, 요식업 등에서 두각을 나타낸다. 특히 식신 바로 옆에 재성(財星)이 자리하는 '식신생재(食神生財)'의 구조를 이룬다면, 자신의 창의적인 활동이 구체적인 성공과 재물로 막힘없이 연결되는 힘을 가질 수 있다.

또한 20~30대는 인간의 생식(生殖) 능력이 가장 왕성한 시기여서, 이 자리에 식신이 있으면 이성에 대한 호기심이 강하게 나타나는 경향이 있다. 특히 일간이 숲이라면 水가 식신으로 되는데, 水 자체가 생명의 근원이자 번식을 상징하므로 이러한 기운이 가장 강하게 나타난다고 본다.

상관

상관(傷官)은 그 명칭 그대로 '정관(正官)을 상하게 한다'라는 의미이다. 정관이 사회적 규범이나 안정된 체계 등 기존의 질서를 상징한다면, 상관은 과거의 것을 비판적으로 개선하려는 진보적이고 개혁적인 기운을 나타낸다.

이러한 상관의 기질은 과거 봉건 사회에서는 기존 질서에 저항하는 '반골(反骨) 기질'이나 '역모'의 기운으로 여겨져 부정적으로 해석되었다. 하지만 현대 사회에서는 개인의 창의성과 혁신을 중시하므로 상관의 비판적 사고는 오히려 새로운 가치를 창출하는 긍정적인 인자로 해석되고 있다.

상관은 자신의 생각과 재능을 세련되게 표현하려는 욕구가 강하며, 한 분야에 얽매이지 않고 여러 방면에 걸쳐 폭넓은 호기심을 보인다. 또한 양보다는 질을 추구하는 경향이 있어, 비유하자면 푸짐한 백반보다는 새롭고 독창적인 퓨전 요리에 더 큰 매력을 느끼는 미식가와 같다.

① **상관의 기본 특성**

- 상관은 기존 방식을 더 좋게, 변화와 개선을 추구한다.
- 상관은 날카로운 통찰력과 비판적 시각을 가지고 있다.

- 상관은 현실적인 가치를 중시하며, 실용성을 추구한다.
- 상관은 '이왕이면 다홍치마'의 감각을 가지고 있다.
- 상관은 틀에 박힌 반복적인 것을 싫어한다.
- 상관은 보편적인 틀에 얽매이지 않는 사고를 가진다.
- 상관은 자신의 감정을 표현하는 능력이 뛰어나다.
- 상관은 불의를 바로잡으려는 정의감이 있다.
- 상관은 자신의 능력을 인정받고자 하는 욕구가 강하다.

② 癸水 일간과 상관

일간 癸水는 상관(傷官)적 특성을 가지고 있다. 물상적으로 癸水는 대기 중의 수증기가 응축되어 조용히 내리는 비나 이슬에 비유된다. 이는 겉으로는 부드럽고 유약해 보이지만, 동시에 바위 틈새까지 스며드는 강력한 침투력과 지혜를 상징한다. 감성이 풍부하고, 타인의 감정을 예민하게 감지하는 공감 능력이 뛰어나다.

하지만 癸水는 안개처럼 자신의 속을 명확하게 드러내지 않는 비밀스러운 면이 있어, 다수와의 공적인 관계보다는 소수의 사적인 관계를 더 선호한다. 이는 자신의 여린 면을 보호하려는 방어기제 때문일 수도 있다.

물이 지형에 따라 유연하게 흘러가듯, 癸水 상관은 복잡한 상황을 자신에게 유리한 방향으로 이끌어 가는 임기응변과, 기존의 문제점이나 비효율을 개선하는 능력도 있다.

③ 일지 상관의 작용

일지에 상관이 자리하면, 독창적인 아이디어와 날카로운 분석력이 있어 총명하다는 평가를 많이 받는다. 또한 뛰어난 생활력과 가성비를 따지는 합리성도 있다. 다만, 자신의 판단력을 과신할 경우, 타인의 의견을 배척하는 독선적인 모습을 보일 수 있다.

육친(六親) 관계에서 여성에게 정관(正官)은 남편을 의미하는데, 상관(傷官)은 정관을 극(剋)하는 기운이다. 이 때문에 남편에 대한 순종을 중요하게 여겼던 과거 봉건 사회에서는 일지 상관을 가진 여성을 '남편의 운을 꺾는' 팔자로 간주하여 매우 부정적으로 평가했다. 하지만 현대 사회에서는 자신의 주장을 논리적으로 펼치는 당당함과 경제력을 갖춘 능력 있는 배우자로 해석한다. 만일 남자 사주가 일지 상관이라면 주체적이고 사회 활동이 왕성한 아내를 맞이할 가능성이 크다.

④ 월주 상관의 작용

월주에 상관이 있다는 것은, 자신의 재능을 사회적으로 드러내고 기존의 틀을 개선하려는 강한 욕구를 지녔음을 의미한다. 이러한 상관의 혁신적이고 진취적인 본질은, 특히 신강한 사주를 만났을 때 강력한 시너지를 일으킨다. 뛰어난 기획력과 문제 해결 능력, 창의적인 아이디어를 바탕으로 사회나 조직 내에서 빠르게 두각을 나타내며 능력을 인정받는 인재가 될 가능성이 높다.

더욱이 월주 상관 옆에 재성(財星)이 있다면 '상관생재(傷官生財)'의 이상적인 구조를 이루게 되어, 자신의 아이디어와 재능을 재물과 업무적 성과로 연결시킬 수 있다. 하지만 상관의 힘이 제어되지 않고 과도하게 강할 경우, 불평불만이 많은 사람으로 보이거나 기존 질서에 도전하는 모습으로 비칠 수 있다.

3
편재와 정재

　재성(財星)은 재물뿐만 아니라, 나의 활동 무대와 쟁취하고자 하는 모든 결과물 등을 포괄적으로 의미한다.

　식신과 상관이 원시인의 '채집' 활동이라면, 재성은 '수렵' 활동에 비유할 수 있다. 특히 정재(正財)보다는 편재(偏財)가 수렵 활동에 더 적합한 십신이다. 거친 동물을 사냥하기 위해서는 강한 힘과 용기가 필요하듯, 편재는 예측 불가능한 기회를 포착하여 과감하게 쟁취하려는 역동적인 에너지를 가지고 있다.

　이에 비해 정재는 자신의 통제 안에 있는 가축을 기르는 '목축' 활동에 비유할 수 있다. 건강한 가축을 길러내기 위해서는 꾸준한 관리와 치밀한 계획이 필요하듯, 정재는 예측 가능한 안정된 영역 안에서 성과를 내려는 십신이다.

편재는 일간이 剋하는 오행이고 음양이 같은 것이다. 예를 들어 甲木 일간에게 戊土와 辰土, 戌土는 편재가 된다. 정재는 일간이 剋하는 오행이고 음양이 다른 것이다. 예를 들어 甲木 일간에게 己土와 未土, 丑土는 정재다.

편재

'편(偏)'은 '한쪽으로 치우친다'라는 뜻이어서, 편재는 재물에 대한 강한 욕망을 의미한다. 사실 편재의 속성은 자연계 질서 그 자체라고 할 수 있다. 모든 생명체들은 자신의 생존과 성장을 위해 끊임없이 더 많은 것을 차지하려고 한다. 숲속의 나무들조차 한 뼘의 햇빛이라도 더 받기 위해 더 위로 올라가려고 경쟁한다. 초원의 하이에나는 먹잇감을 두고 동족과 피 튀기며 싸우고, 때로는 목숨까지 빼앗기도 한다. 이러한 생존 경쟁의 본능이 바로 편재인 것이다.

인간 사회의 편재는 미지의 시장을 개척하는 사업가나 큰 자본을 굴리는 투자가의 모습으로 나타난다. 편재는 눈앞의 작은 이익에 연연하지 않고 리스크를 감수하며, 결정적인 순간에 모든 것을 거는 승부사의 모습이다.

① 편재의 기본 특성

- 편재는 욕심이 많고 스케일이 크다.
- 편재는 말보다 행동으로 직접 부딪치러 한다.
- 편재는 과정보다는 최종적인 결과물을 중시한다.
- 편재는 작은 만족보다 큰 성취감과 성공을 원한다.

- 편재는 Hi Risk - Hi Return의 전략을 선호한다.
- 편재는 돈 되는 것을 직감적으로 잘 찾는다.
- 편재는 자신의 직감을 믿고 과감하게 투자한다.
- 편재는 성격이 호탕하고 주색을 즐긴다.
- 편재는 이익이 되지 않으면 계산적인 태도를 보인다.
- 편재는 주변 사람과 사물에 대한 통제 욕구가 강하다.
- 편재는 남의 지시를 받거나 통제 받는 것을 싫어한다.
- 편재는 안정적인 직장인보다 자기 사업을 선호한다.

② 甲木 일간과 편재

甲木은 초봄의 언 땅을 뚫고 하늘을 향해 힘껏 뻗어 나가려는 나무와 같으며, 그 안에는 저돌적인 신속성과 약동하는 생동감이 있다. 또한 甲木은 지구 중력(土)을 극복하고 위로 오르려고 하는 지배적이고 통제적인 기질도 가지고 있다.

甲木의 이러한 모습은 마치 초등학교 어린이들이 선생님의 질문에 손을 들면서 "저요! 저요!" 하며 외치는 모습이나, 앞뒤 재지 않고 그저 앞으로 힘차게 뛰어가는 천진난만한 어린이의 모습을 연상시킨다.

이처럼 甲木은 천간 중에서 미래를 향한 성장 욕구가 가장 강한 반면, 그 이면에는 아무런 계산이 없는 순수한 성질을 가지고 있다. 겉으로 보이는 저돌적인 모습 때문에 종종 불도저나 무대뽀의 기질로 오해받기도 하지만 실제로는 속이 여리고 정이 많은 경우가 많다. 외강내유(外剛內柔)가 甲木의 진정한 모습일 수 있다.

③ 일지 편재의 작용

일지에 편재가 자리하면 정복과 소유 욕구가 강하다. 편재 특유의 호탕한 기질과 민첩한 행동력은 목표를 향해 거침없이 나아가는 승부사의 모습으로 나타난다. 이들에게 재물은 자신의 능력을 증명하고 타인을 통제하기 위한 가장 강력한 도구이다. 따라서 편재는 재물에 대한 집착이 강하며, 자신의 영역 안에 있는 모든 것을 지배하려는 속성을 보인다.

이러한 기질은 이성 관계에서도 뚜렷하게 나타난다. 일지가 편재인 여자는 능력 있고 돈이 많은 남자를 선호하고, 자신이 남자를 지배하려는 성향이 강하다.

남자 사주에서 재성(財星)은 재물이자 여자를 의미한다. 특히 편재는 아내(정재)가 아닌 다른 이성 관계를 상징한다. 따라서 일지에 편재를 둔 남자는 여자에 대한 욕심이 많고 바람기로 이어질 가능성이 있을 수 있다. 또한 배우자를 자신의 소유물로 여기는 경향이 있어 일거수일투족을 통제하는 모습으로 나타나기도 한다.

④ 월주 편재의 작용

사주원국에 편재 한 글자가 있다는 것만으로 그 사람의 성향을 섣불리 판단해서는 안 된다. 편재가 있다고 해서 무조건 돈에 집착하거나 지배욕이 강한 인물이라고 단정 짓는 것은 옳지 않다.

편재가 사주에서 희신(喜神)으로 작용할 때는 스케일이 크고 뛰어난 현실 감각을 가지고 있다고 본다. 자신감을 바탕으로 일을 과감하게 추진하고, 넓은 대인관계를 활용하여 목표를 성취할 가능성이 클 것이다. 그러나 편재의 기운이 지나치게 강하면 재다신약(財多身弱)일 가능성이 매우 커서 버는 것보다 잃는 것이 더 많을 수 있다. 이것은 신약사주도 마찬가지이다.

정재

정재 역시 편재처럼 재물을 추구하지만, 그 방식과 목적에서 차이를 보인다. 편재가 쟁취를 위한 투쟁이라면, 정재는 안정을 위한 관리다. 정재는 예측 가능한 삶의 기반을 추구하는 기질이다.

이 차이는 원시 시대의 생존 방식으로도 이해할 수 있다. 사냥(편재)은 성공이 보장되지 않는 고위험 활동이었기에, 한 번 나설 때 모든 것을 걸고 큰 동물을 노리는 것이 유리했다. 그러나 목축(정재)이 시작된 이후의 최우선 과제는 가축을 안전하게 보호하는 것이다. 매일 가축을 정성껏 돌보고 새끼를 불려 나가는 것이 정재의 본질인 것이다.

정재의 안정 지향성은 때로 단점이 되기도 한다. 변화를 두려워하고 리스크를 회피하여 큰 기회를 놓치기도 하며, 융통성이 부족한 고지식한 사람으로 비칠 수도 있다.

① 정재의 기본 특성

- 정재는 현실에 기반을 두고 안정을 추구한다.
- 정재는 감정보다는 객관적이고 이성적으로 판단한다.
- 정재는 매사에 치밀하고 빈틈없이 일을 처리한다.
- 정재는 안정된 질서와 규칙적인 생활을 선호한다.
- 정재는 자신이 이룬 성과를 통해 만족감을 느끼려고 한다.
- 정재는 배짱은 부족할 수 있지만 꾸준함과 성실함이 있다.

- 정재는 인간관계가 넓지는 않지만, 깊고 신뢰 있게 사귄다.
- 정재는 생활력이 강하고 알뜰한 소비 습관이다.
- 정재는 편재만큼은 아니지만 좋은 활동성을 가지고 있다.
- 정재는 편재보다는 약해도, 자기 영역을 통제하려고 한다.
- 정재는 많이 버는 것보다 손해 보지 않으려고 한다.
- 정재는 불확실한 투자보다 안정적인 적금을 선호한다.

② 乙木 일간과 정재

일간이 乙木이면 정재적 특성이 강하다. 乙木은 땅에 단단히 뿌리 내려 옆으로 영역을 확장해가는 덩굴식물이나 화초에 비유되고, 강한 생존 의지와 주변 환경과 조화를 이루어 성장하려는 의지가 강하다.

甲木이 위를 향한 직선적이고 수직적 기운이라면, 乙木은 곡선적이고 수평적인 기운이다. 또한 바람에 몸을 낮추고 휘어지면서 살아남으려는 유연한 생명력을 가지고 있다. 봄바람처럼 부드럽고 친근하며 유연한 성품을 가지고 있다.

③ 일지 정재의 작용

일간이 개인의 정신적 지향점을 보여준다면, 일지는 구체적인 행동 양식을 결정한다. 따라서 실제 행동 패턴을 예측하는 데는 일지의 역할이 더 중요하다. 일지에 정재가 있다는 것은 삶의 모든 영역에서 리스크를 최소화하고 예측 가능한 결과를 선호하는 기질을 의미한다. 금전적으로는 알뜰함으로, 사회적으로는 꼼꼼하고 정확한 태도로 나타날 것이다.

다만 신약사주에 일지 정재가 있다면, 책임감은 강하지만 결단력이 부족하고 매사에 지나치게 신중한, 다소 소심한 모습으로 보일 수 있다.

남자 사주에서 정재는 아내를 상징하는데, 그 정재가 아내 자리인 일지에 있으니 이는 애처가의 모습이다. 아내를 자신의 가장 소중한 자산으로 여겨 성실하게 보살피고 가정에 대한 책임감도 강하다. 하지만 이는 '관리'의 다른 이름이기도 하다. 사랑이라는 이름 아래 아내의 행동과 생각을 자신의 틀 안에서 통제하려는 경향이 나타날 수도 있다.

여자 사주에서 일지에 정재가 있다면, 가정을 탁월하게 경영하는 사람이다. 타고난 알뜰함과 계획성으로 살림을 빈틈없이 꾸려 나가며, 가족과 남편의 미래까지 주도면밀하게 설계하고 이끌어 간다.

④ 월주 정재의 작용

월주, 특히 월지에 정재가 있다면 사업을 하는 것이 좋을까? 아니면 직장을 다니는 것이 좋을까? 정재의 본질은 '안정'과 '예측 가능성'에 있으니, 당연히 직장 생활이 적합하다고 할 수 있다. 하지만 반드시 그렇지는 않다. 그것은 신강신약(身强身弱)에 따라 달라질 수 있다.

만약 신강사주라면, 충분히 재성(財星)을 감당할 힘이 있어서 사업이나 투자에 관심을 둘 수 있다. 그러나 이들의 사업 방식은 편재와는 다르다. 정재 특유의 '돌다리도 두들겨 보고 건너는' 신중함은 그대로 유지되기 때문에 고위험 사업이 아닌, 프랜차이즈나 안정적인 라이선스 사업, 혹은 부동산 투자처럼 실패 확률이 낮은 분야를 선택할 것이다.

반면, 신약사주도 직장을 그만두고 사업에 뛰어드는 경우가 있다. 이는 대부분 대운이나 세운에서 들어온 일시적인 운(運)의 영향 때문이다. 운에서 들어온 비겁이나 인성의 도움으로 잠시 힘이 강해진 것을 자신의 본래 역량으로 착각하는 것이다. 신약사주에게 재성은 감당하기 버거운 기신(忌神)이다. 빌려온 힘과 같았던 행운이 끝나고 나면, 좋았던 시절에 벌여 놓은 사업은 무거운 짐으로 남아 결국 실패의 쓴잔을 마시게 될 확률이 높다. 운이 좋을 때 내리는 성급한 결정이야말로, 신약사주가 가장 경계해야 할 함정이다.

4
편관과 정관

　동물의 세계에서는 두 가지의 진실만이 존재한다. 그것은 먹느냐 아니면 먹히느냐. 케냐 초원에 있는 영양을 생각해 보자. 영양은 저 멀리에 사자가 있다는 것을 알고 있지만 사자가 달려오기에는 아직은 먼 거리어서 여유롭게 풀을 뜯을 수 있다. 그러나 조금씩 거리를 좁혀 오고 있는 사자를 본 순간 아드레날린은 급속도로 분비되고 심장은 빨리 뛰기 시작한다. 이제는 빨리 달아나야만 한다. 그렇지 않으면 사자의 먹이가 될 뿐이라는 것을 직감한다.

　원시인의 삶도 영양과 다르지 않았다. 그들도 사자와 같은 맹수의 위협을 빨리 알아차려야만 했고 죽을힘을 다해 도망가야만 했다. 이런 살고자 하는 본능이 바로 편관이다. 그래서 십신 중에서 생존과 직결된 가장 강렬한 본능은 '편관'이고 다른 하나는 먹고 번식을 하는 '식신'이다. 한편 편관은 편재와 더불어 움직임이 가장 빠른 십신이다. 다만 편재는 능동적으로 움직이는 것이고, 편관은 수동적으로 움직인다는 차이가 있다.

　인간이 집단을 형성하고 난 후부터는 외부의 위험뿐만 아니라 내부의 위험도 생겨났다. 만일 힘없는 원시인이 무리에서 배척을 당해 혼자 떨어져 산다면 그것은 바로 죽음을 의미했을 것이다. 그래서 무리의 규칙과 질서를 반드시 따라야만 했고 서로 간에 협력도 해야만 했다. 이와 같은 조직 내의 위험을 피하려는 본능이 정관이다. 그래서 정관은 편관보다 더 이성적이고 합리적이다.

편관은 일간을 극(剋)하는 오행이고 음양이 같은 것이다. 예를 들어 甲木 일간에게 庚金과 申金은 편관이다. 정관은 일간을 극하는 오행이지만 음양이 다르다. 예를 들어 甲木 일간에게 辛金과 酉金은 정관이 된다.

여기서 한 가지 생각해 볼 문제가 있다. 그것은 상생상극의 원리에서는 재생관(財生官), 즉 재성(財星)은 관성(官星)을 생(生)한다고 한다. 그런데 위의 영양과 사자의 관계를 보면 사자는 편재이고 영양은 편관에 해당된다. 그렇다면 사자가 영양을 생하거나 도와준다는 말이 되는데, 이것은 자연계에서 옳은 관계인 것인가?

사주명리학의 전통적인 해석에 따르면, 재생관은 "재물(財)을 가지게 되면 자연스럽게 권력(官)욕도 생긴다"라고 풀이한다. 이것은 인간 세상에서는 맞는 말일 수 있겠지만 사자와 영양과의 관계에서는 맞지 않는 설명이다. 그래서 필자는 아래와 같은 다른 관점에서 재생관을 설명하려고 한다.

전 우주를 통틀어서 블랙홀을 제외한 어떠한 존재나 물질도 절대적인 힘을 가지고 있지 않다. 그렇다면 사자와 같은 나약한(?) 맹수(편재)는, 지금은 자신보다 더 약한 영양을 잡아먹는 입장이지만 언젠가는 자신도 더 강한 동물의 먹잇감(편관)이 될 수 있다고 느낄 것이다. 언젠가는 자신의 살점도 영양처럼 똑같이 찢길 수 있다는 두려움이 있을 것이다. 남의 것을 더 많이 차지할수록, 역설적으로 자기 것을 잃지 않으려는 방어적인 심리 또한 더욱 강해지는 것과 같다. 이는 마치 독재자(편재)가 재물을 축적할수록 암살의 두려움(편관)을 느끼는 것과 비슷한 것이다. 재생관을 이런 관점으로도 해석할 수 있다.

또한 앞의 '2. 오행과 천간'에서 木은 재성적 성질이고 火는 관성적 성질이라고 했다. 태양 빛과 열(火)은 태양 안에 있는 삼중수소(木)가 극한 환경에서 자신의 고유한 성질을 잃고 헬륨과 같은 다른 물질로 변환될 때 나온다고 했다. 결국 재성이 극에 달하면 완전히 다른 성질인 관성으로 변하게 되므로, 이것도 재생관으로 설명할 수 있다.

이 외에 '인플레이션 우주론'으로도 재생관을 설명할 수 있다. 중력은 언제나 인력(引力)으로만 작용한다는 것이 일반적 상식이지만 인플레이션 우주론에서는 빅뱅 직전의 상태처럼 중력의 힘이 극에 달하게 되면, 중력은 인력이 아닌 척력(斥力)으로 작용해서 우주대폭발인 빅뱅을 일으키는 원인으로 된다는 것이다. 즉 다른 물질을 잡아당기는 힘인 인력(편재)이 극에 달하면 척력(편관)으로 바뀐다는 것도 재생관이라고 할 수 있다.

편관

편관(偏官)은 외부 위험을 피하려는 본능이다. 작은 동물일수록 편관적 본능은 더 발달되어, 민감하게 반응하고 민첩하게 행동하려고 한다.

편관이 일간 주위에 있거나 강한 상태라면 작은 일에도 민감해지고 스트레스를 잘 받는 성격으로 된다. 평상시 편관의 기질은 예의 바르게 행동하고 질서를 잘 지키는데, 이것은 스스로 위험에 노출되지 않으려는 본능 때문인 것이다. 편관은 인내심이 강하고 잘 참는 성격이지만 어느 한순간에 폭발하거나 과격해지는 모습을 보이기도 한다. 이는 마치 궁지에 몰린 쥐가 고양이를 물려고 하는 것과 비슷하다.

일반적으로 사주원국에 편관이 있으면 기억력이 좋다고 해석하지만, 이것은 두뇌가 뛰어나다는 의미가 아니라 과거에 발생한 일들을 잘 기억해서 미래에 발생할 수 있는 위험에 빨리 대처하려는 편관적 본능인 것이다.

인간의 생각은 언제나 두 가지의 방향성을 가지고 움직이는데, 하나는 과거로 가려는 편관성이고 다른 하나는 미래로 가려는 편재성이다. 만일 생각이 주로 과거로 움직인다면 이미 지나간 일들로 인해 계속 괴로워할 것이고, 만일 미래로 주로 움직인다면 아직 발생되지 않은 일로 인해 지속적인 불안감을 느낄 것이다.

따라서 우리의 생각이 현재에 머물 수만 있다면 이러한 화(禍)나 불안감에서 어느 정도는 벗어날 수 있을 것이다. 그렇다면 어떻게 생각을 현재에 머물게 할 것인가? 심원의마(心猿意馬)라는 말이 있는데, 이것은 인간의 마음은 원숭이처럼 이리저리 흔들리고, 말처럼 생각이 제멋대로 날뛴다는 뜻이다. 이처럼 평범한 인간이 자신의 생각을 의식적으로 조절한다는 것은 불가능하다. 그렇지만 아래와 같은 훈련을 지속한다면 어느 정도는 도움이 될 수 있다.

만일 지금 어떠한 '생각'이 떠오를 때 '지금 내 머릿속에서 생각이 일어났다!'라고 즉시 알아차리기만 해도 '생각'은 즉시 사라진다. 그러나 '생각'이라는 것은 다시 또 일어나기 때문에, '생각'이 일어나는 즉시 움직이는 물체를 바라보거나 꽃이나 식물 등에 시선을 두게 되면 '생각'은 잠시나마 '이 순간'에 머물게 된다.

한편 눈동자의 위치로 현재의 심리 상태를 알 수도 있다. 만일 눈동자가 위로 올라가 있으면 과거 일을 기억하려는 것이고 이로 인해 불안한 심리가 발생될 수 있다. '눈이 뒤집혔다'라는 것도 매우 분노하거나 충격을 받은 때를 말하는 '극도의 편관적 상태'를 의미한다. 그래서 올라가 있는 눈동자를 아래로 내리고 움직이는 물체에 시선을 집중하게 되면 지금의 불안감에서 어느 정도는 벗어날 수 있다. 만일 눈동자가 위로 계속 올라간 상태에 있으면 눈에 피로가 쌓이면서 점점 민감한 상태로 바뀔 것이다. 한번 테스트해 보기 바란다.

① 편관의 기본 특성

- 편관은 주변의 변화와 위험을 빠르게 감지한다.
- 편관은 새로운 환경이나 조직에 빠르게 적응한다.
- 편관은 편재와 거의 동일한 활동성을 가지고 있다.
- 편관은 규칙과 법규를 중요하게 여긴다.
- 편관은 조직 안에서 예의를 갖추고 질서 있게 행동한다.
- 편관은 십신 중에서 안정과 전통을 가장 중시하다.
- 편관은 옳고 그름을 명확하게 분별하고 판단한다.
- 편관은 위험에 당당히 맞서는 명예심과 희생정신이 있다.
- 편관은 위기상황에서 맹장과 같은 리더십을 발휘한다.

- 편관은 책임감과 긴장감이 커서 스트레스에 취약하다.
- 편관은 지난 일을 되새기고 분석하는 경향이 있다.
- 편관은 평소에는 인내심이 강하지만, 한계에 달하면 감정이 갑자기 폭발할 수 있다.

② 丙火 일간과 편관

일간이 丙火인 사람은 편관의 강한 성정을 가진다. 丙火는 태양과 같아서 밝고 직진하는 성질을 지닌다. 이 때문에 자신의 생각을 숨기지 않고 드러내는 솔직담백함이 있으며, 불의를 보면 참지 못하는 정의로운 면모도 보인다.

하지만 강한 빛이 짙은 그림자를 만들듯, 丙火의 밝음 이면에는 필연적으로 그늘이 따르는 양면성이 존재한다. 이로 인해 겉으로는 매우 활기차 보여도 때때로 내면의 고독감을 느끼거나 감정의 기복이 다소 클 수 있다. 또한 주변을 압도하는 카리스마를 지녀 리더의 기질을 갖추었지만, 그 뜨거운 에너지가 제어되지 않을 때는 순간적으로 폭발하는 다혈질적인 성격으로 나타나기도 한다.

③ 일지 편관의 작용

모든 십신(十神)은 장점과 단점을 함께 가지고 있지만, 편관은 그 차이가 가장 극명하게 나타나는 십신이다. 특히 사주가 신약하면서 일지에 편관이 자리할 경우 이러한 단점이 더욱 두드러진다. 예민한 성격으로 사소한 실수에도 자신을 과도하게 자책하는 경향이 있으며, 스스로에게 늘 엄격하여 긴장된 상태를 유지한다. 또한 타인에게 약점을 노출하길

꺼리는 방어적인 태도를 보이면서도, 동시에 자신을 과시하려는 성향을 드러내기도 한다.

그렇다고 편관이 언제나 이와 같은 모습인 것은 아니다. 평상시에는 오히려 쾌활하고 활동적이며 원만한 대인관계를 유지한다. 다만, 자신을 둘러싼 환경이 불리하게 변할 때 앞서 언급한 편관의 단점들이 드러나기 쉬운 것이다.

일지 편관은 남에게 인정받고 잘 보이고 싶은 마음이 강하기에, 자신보다 사회적으로 더 나은 배우자를 선택하려는 경향을 보인다. 배우자의 직업 역시 공무원, 군인, 대기업처럼 명예와 안정을 중시하는 '관(官)'적인 분야를 선호하는 특징이 있다.

④ 월주 편관의 작용

월주에 편관이 있으면 맡은 역할을 완벽하게 수행하려는 책임감이 강하다. 사회적 평판에 흠집이 나는 것을 싫어해서, 스스로를 철저히 통제하고 관리한다.

만일 사주가 신강하면 편관의 강한 에너지를 잘 감당하여, 카리스마와 추진력으로 발현되어 직장에서 높은 지위에 오르거나 큰 성과를 이뤄 직업 운이 좋다고 본다.

사주가 신약하더라도 월간에 인성이 있고 월지에 편관이 있으면 관인상생(官印相生)의 흐름을 이루어, 편관의 압박이 인성의 지혜와 인내, 수용력으로 전환되어 어려운 일을 통해 배우고 성장하는 이상적인 구조로 될 수 있다.

정관

정관(正官)은 편관보다 훨씬 부드럽고 이성적이며 안정성을 추구한다. 편관이 예측 불가능한 외부의 위협이나 위기 상황에 적극적으로 대처하려는 야생의 본능이라면, 정관은 조직의 체계 안에서 발생하는 다양한 문제들을 합리적이고 순리적인 방법에 따라 해결하려는 이성적인 기질이다. 이는 원칙과 명예, 그리고 사회적 규범을 중시하는 성향으로 나타난다.

편관과 정관 모두 타인의 시선과 사회적 평가에 예민하게 반응한다. 하지만 문제 해결 방식에서 차이가 있다. 정관은 감정적인 대응보다는 원칙과 논리에 따라 행동하며, 편관처럼 상황에 따라 감정이 폭발하거나 급발진하는 기질은 거의 없다. 대부분의 조직 생활에서 정관은 편관보다 훨씬 더 긍정적인 평가를 받는다.

① 정관의 기본 특성

- 정관은 안정적이며 보수적으로 행동한다.
- 정관은 체계적인 방식으로 업무를 처리한다.
- 정관은 절제력이 뛰어나고, 꼼꼼한 성향이다.
- 정관은 조직 환경에 잘 적응한다.
- 정관은 주변 사람들과 원활하게 협력한다.
- 정관은 심성이 온화하고 예의 바른 태도를 지닌다.
- 정관은 앞에 나서기보다 뒤에서 묵묵히 역할을 수행한다.
- 정관은 정장이나 유니폼과 같은 이미지를 연상시킨다.
- 정관은 공무원이나 대기업 등 안정된 조직에 적합하다.

② 丁火 일간과 정관

일간에 丁火가 있으면 정관적 성향을 보인다. 丙火가 만물을 비추는 태양의 빛이라면, 丁火는 그 빛이 만들어 내는 열(熱), 즉 촛불이나 모닥불에 비유할 수 있다. 따라서 丁火는 폭발적이지는 않지만, 은은하고 꾸준하게 자신의 열기를 유지하는 내면의 힘과 끈기를 지니고 있다.

또한, 丁火는 음간(陰干)이어서 양간(陽干)인 丙火처럼 모든 에너지를 밖으로 발산하기보다는 안으로 응축시키는 경향도 있다. 이러한 특성은 풍부한 감수성과 배려심, 혹은 강한 책임감으로 나타나기도 한다. 열기는 천천히 왔다가 천천히 사라지는 특성이 있어, 丁火는 '뒤끝'이 남는 성질도 가지고 있다.

③ 일지 정관의 작용

일지가 정관이면 대체로 좋은 남편을 만난다고 한다. 그 이유는 무엇일까? 그것은 정관의 고유한 속성에 기인한 것이다. 정관의 본질은 '안정과 명예'로, 타인에게 반듯하고 모범적으로 보이기를 원하는 기질이다. 즉 일지에 정관이 있다는 것은 내가 그러한 성격을 가진 것이어서, 좋은 직장을 다니는 남자 또는 예의범절이 바른 남자, 혹은 자신보다는 아내와 가정을 더 우선하는 남자를 배우자로 선택하려는 성향이 강하다는 의미이다. 결국 어떤 경우이든, 사회적인 시선으로 보았을 때 '좋은 남편감'이라고 평가를 받을 만한 상대를 선택하려는 기질이 바로 일지 정관인 것이다.

그러나 일지에 정관이 있다고 해서 반드시 좋은 남자를 고른다고 볼 수도 없다. 왜냐하면 사람의 겉모습과 속마음은 얼마든지 다를 수 있기 때문이다. 만약 상대방이 의도적으로 자신을 반듯하고 능력 있는 사람으로 포장하여 속이려 든다면, 잘못된 선택을 할 가능성은 충분히 존재한다. 그렇기 때문에 내 사주를 아는 것도 중요하지만, 상대방의 진정한 내면을 아는 것도 중요하다.

④ 월주 정관의 작용

원만하고 안정적인 사회생활을 위해서는 편관보다는 정관의 작용이 더 중요하다. 월주에 정관이 있으면 편관보다 더 여유로운 마음을 가질 수 있고, 감정적으로 폭발하는 욱하는 기질도 없기 때문이다. 특히 직장생활에서는 주위의 평판만큼 중요한 자산도 없다. 아무리 능력이 뛰어나고 성실하게 일하더라도, 성격이 괴팍하고 독선적이라면 누구도 함께 일하려고 하지 않을 것이다.

그러나 조직에 부조리가 만연하고 기강과 질서가 어지러운 상태라면 과감하게 큰 목소리를 내어 잘못된 것을 바로 잡을 필요가 있다. 샌님처럼 뒷짐만 지고 자신의 안위만 챙긴다면 자기 자신은 물론이고 조직의 발전도 기대할 수가 없다. 그래서 조직에 위기가 닥쳤을 때는 정관보다 편관의 과감한 결단력과 돌파력이 더 필요할 것이다. 그래서 편관은 칼을 휘두르는 맹장(猛將)에 비유되고 정관은 덕으로 다스리는 덕장(德將)에 비유되는 것이다.

5
편인과 정인

지진과 같은 자연재해가 임박하면, 일부 동물들은 이상한 소리를 지르거나 떼로 이동하는 등 이상 징후를 보인다. 이는 동물들이 인간보다 월등히 민감한 청각이나 후각 또는 진동 감지 능력을 가졌기 때문이다. 예컨대 개미는 인간보다 약 1000배 강한 진동 감지 능력이 있어, 태풍이나 홍수를 미리 감지하고 대처한다고 한다.

인간들 중에서는 무당이나 주술사와 같은 이들이 신과의 영적인 교감을 통해 미래를 미리 예지하거나 치유하는 능력을 지녔다고 여겨진다. 이처럼 비물질적이고 형이상학적인 현상을 직관적으로 감지하고 받아들이는 본능을 편인(偏印)이라고 한다. 무당은 사주에 편인이 대단히 발달된 사람이라고 할 수 있다.

반면 정인(正印)은 보편타당하고 객관적으로 검증된 지식을 받아들이고 이해하려는 힘으로, 주로 학문이나 제도권 공부 등과 관련이 깊다. 편인과 정인은 모두 일간을 생(生)하는 십신이므로, 자신에게 도움이 되는 정보나 이익이 되는 것을 적극적으로 받아들이는 속성을 가지고 있다.

편인은 일간을 生하는 오행이면서 음양이 같은 것이다. 예를 들어 甲木 일간에게 壬水와 亥水는 편인이다. 정인은 일간을 生하는 오행이고 음양이 다르다. 예를 들어 甲木 일간에게 癸水와 子水는 정인에 해당한다.

편인

우주에 존재하는 모든 현상에는 반드시 원인과 이유가 있다. 다만 인간의 오감(五感)과 이성만으로는 그 인과관계를 전부 파악할 수 없을 뿐이다. 인간의 눈에는 신비롭고 불가해 보이는 현상들이 동물의 관점에서는 지극히 자연스러운 것일 수 있다. 가령, 박쥐는 인간이 들을 수 있는 음파의 100배 이상 되는 초음파를 사용해서 먹이를 찾는데 이것을 인간의 관점에서 보면 거의 신적인 능력인 것이다. 사주명리학에서 편인이란 바로 이와 같은, 일반적인 인식의 틀을 벗어난 영역을 감지하는 기질과 같다.

사주에 편인이 발달해 있으면 일반인이 쉽게 이해하거나 받아들이지 못하는 현상 등에 관심이 많다. 또한 삶과 죽음의 본질을 알고 싶어 하고, 그 답을 찾기 위해 종교나 철학, 심리학, 명리학 등과 같은 형이상학적 학문에 빠지기도 한다.

① 편인의 기본 특성

- 편인은 생각하고 집중하는 힘이 강하다.
- 편인은 한 가지 일에 깊이 몰두하고 파고든다.
- 편인은 의심하고 분석하는 '비판적 수용성'을 지닌다.
- 편인은 끊임없이 의심하고 탐구하여 본질을 찾고자 한다.
- 편인은 특정 분야에서 전문가적 기질을 발휘한다.
- 편인은 겉으로 드러나는 현상만을 믿지 않는다.
- 편인은 철학 등과 같은 형이상학적인 분야에 관심이 많다.
- 편인은 활동적인 성향보다는 비활동적인 모습을 보인다.
- 편인은 인간관계의 폭이 넓지 않지만, 깊고 오래 간다.
- 편인은 받는 것을 좋아하고, 때로는 이기적으로 보인다.
- 편인은 정인에 비해 창의적이고 독창적으로 사고한다.
- 편인은 정인보다 외부 자극에 더 민감하게 반응한다.

② 戊土 일간과 편인

戊土가 일간에 있으면 편인적 성향을 가진다. 戊土는 지구 중력과 같아서, 눈에 보이지는 않지만 모든 것을 안으로 잡아당기는 힘을 가지고 있다. 만일 중력의 작용이 없었다면 지구가 현재와 같은 형태로 존재하지 못했을 것처럼, 편인(戊土)이 없었으면 인간의 두뇌(庚金)도 지금처럼 고도로 발달하지 못했을 것이다. (土生金을 하고 있다는 뜻이다.)

또한 戊土는 오상(五常) 중에서 신(信)의 뜻을 가지고 있다. 이 때문에 중립적이면서도 객관적이고 냉정한 기질을 보인다. 이러한 성향은 섣불리 타인을 믿지 않고 오랜 시간 신중하게 지켜보지만, 일단 신뢰하면 그 관계를 오래 유지하려는 기질을 지닌다.

③ 일지 편인의 작용

일지가 편인일 경우, 가장 두드러지는 특성은 이기적이거나 자기중심적인 경향으로 나타난다. 하지만 이것은 남의 것을 뺏으려는 겁재나, 자신의 노력으로 성취하려는 재성과는 완전히 다르다. 편인의 자기중심성은 타인이 자신에게 베풀어 주거나 헌신해 주기를 바라는, 즉 생조(生助) 받기를 원하는 수용적 태도이다.

이러한 기질은 자신에게 실질적인 도움을 주는 사람을 잘 찾고, 잘 알아보는 능력으로 나타나기도 한다. 이것은 단순히 눈앞의 이익을 좇는 기회주의와는 다른 것이다. 자신의 성장과 발전을 위해 스승이나 조언자를 찾고, 적극적으로 조언을 구하는 행위가 편인인 것이다.

④ 월주 편인의 작용

사주에서 월주는 20대와 30대의 청년기이며, 한 사람의 사회적 환경을 가늠하는 핵심적인 자리다. 이 중요한 시기에 자신을 적극적으로 이끌어 주고 결정적인 도움을 주는 사람이 있다면, 인생은 생각보다 훨씬 순탄하게 풀릴 것이다.

만일 월주에 편인이 있는데, 그것이 용신(用神)으로 작용한다면 사회생활에서 은인, 즉 귀인을 만난다고 본다. 이것은 어떤 이치 때문일까? 편인은 마치 동물의 강력한 직감이나 촉과도 같아서, 편인이 용신이라면 이런 본능적인 감각이 매우 긍정적이고 날카롭게 발현됨을 의미한다. 따라서 수많은 인간관계 속에서 자신에게 진정으로 도움을 주는 사람을 찾아내는 능력이 뛰어나게 된다.

정인

　정인의 작용을 이해하기 위해 갓난아기의 예를 들어볼 수 있다. 아기는 누가 가르쳐 주지 않아도 생존을 위해 본능적으로 엄마의 젖을 찾고, 무조건적인 사랑을 갈구한다. 설령 생모가 아니더라도, 자신에게 꾸준히 사랑과 보살핌을 주는 이에게 전적으로 의지하며, 신체적, 정서적 교감을 통해 깊은 안정감을 얻으려고 한다. 아기의 이러한 본능적인 행동이 바로 정인의 속성에 해당한다. 이러한 정인의 수용적 속성은 공부와 학습을 통해 지식을 습득하고, 이를 통해 정신적인 충만감과 사회적 인정을 얻으려는 행위와도 깊이 연결된다.

① 정인의 기본 특성

- 정인은 사랑과 도움을 받으려는 성향이 강하다.
- 정인은 너그럽게 받아들이는 수용성이 뛰어나다.
- 정인은 현실적인 관점에서 상황을 판단한다.
- 정인은 정신적인 안정감을 중요하게 생각한다.
- 정인은 원만한 대인관계를 유지하려고 한다.
- 정인은 타인의 도움을 잘 이끌어 낸다.
- 정인은 인복이 많아 주변 사람들의 도움을 잘 받는다.
- 정인은 순수하고 여유로운 기질을 가지고 있다.
- 정인은 상호 존중을 바탕으로 한 관계를 원한다.
- 정인은 제도권 학문과 체계적인 지식을 추구한다.
- 정인은 생각을 신중하게 걸러서 표현한다.

② 己土 일간과 정인

일간에 己土가 있으면 정인적 성향을 가진다. 戊土가 지구 중력에 의해 형성된 거대한 산맥이나 대지라면, 己土는 생명이 살아가는 비옥한 논밭이나 잘 가꾸어진 정원의 흙과 같다.

己土의 본질은 받아들이고, 품어서, 길러내는 것에 있다. 햇빛과 물, 영양분을 조건 없이 수용하여 곡식과 식물을 키워 내는 땅의 모습은, 정인이 상징하는 엄마의 포용력과 안정적인 교육과 지식을 습득하려는 행위와 일치한다. 이 때문에 己土는 급진적인 변화보다는 안정성을 중요하게 생각하고, 추상적인 이론보다는 자신이 직접 겪은 경험적 데이터를 신뢰한다. 己土는 자신에게 이로운 것과 해로운 것을 명확히 구분하여 실속을 챙긴다. 이는 때로 자기중심적이거나 이기적인 성향으로 비춰질 수도 있다.

③ 일지 정인의 작용

일지에 정인이 있으면 본능적으로 자신에게 도움이 될 만한 사람을 잘 찾고, 도움도 자연스럽게 잘 이끌어 낸다. 이것은 자신을 희생하여 남을 돕는 식상(食傷, 식신과 상관)과는 정반대의 성질이다.

정인의 이런 성향은 결혼관에서도 잘 드러난다. 만일 일지 정인인 남자가 결혼한다면, 무조건적으로 자신을 지지하고 보살펴 주는 엄마와 같은 여자를 배우자로 선택하려고 할 것이다. 결혼 후에도 배우자에게 엄마와 같은 도움과 헌신을 바랄 수 있다. 반대로 이런 남자와 결혼한 여자는 끊임 없이 베풀어야 하는 역할에 지쳐 결혼 생활이 피곤해질 수 있다. 따라서 일지가 정인인 남자는 일지가 식신인 여자를 만나는 것이 최선의 선택일 수 있다. 이것은 여자의 경우에도 마찬가지로 적용된다. 그래서 일지가 정인이면서 용신이라면 큰 풍파 없이 편안하고 안락한 삶을 살아갈 수 있다고 해석한다.

④ 월주 정인의 작용

월간에 정인이 있으면 기본적으로 반듯하고 학구적이며, 수용적인 태도를 보인다. 따라서 대인관계에서 착하고 성실한 모범생과 같은, 단정하고 신뢰감을 주는 이미지를 형성한다.

만일 시간(時干)에 식상(食傷)이 있으면 월간부터 시간까지 생(生)의 흐름이 이어져서, 배운 것(인성)을 내 것으로 만들어 능숙하게 표현하고 활용(식상)하게 되어, 학문적 성취가 뛰어나거나 특정 분야에서 전문가적 재능을 발휘할 가능성이 높다.

만일 일간의 힘이 강한 신강사주인데 월간의 정인마저 강한 세력을 이루고 있다면, 이때는 정인의 성질이 긍정적인 수용성이 아니라 과도한 자기 확신으로 바뀐다. 그래서 타인의 조언을 간섭이나 잔소리로 여기게 되고, 자기 생각과 틀에 갇혀 강한 고집을 부리는 성향으로 나타날 것이다.

3부

60일주 분석

우리는 사주팔자를 통해서 한 사람의 많은 것을 알 수 있다. 개인의 성향은 물론, 가족 및 주변 사람들과의 관계, 나아가 미래의 흐름까지도 엿볼 수 있지만, 무엇보다 중요한 것은 인간 내면의 심리를 깊이 이해하는 데 도움을 준다는 점이다.

일체유심조(一切唯心造)라고 해서 모든 것은 마음먹기에 따라 달라질 수 있다. 하지만 우리는 종종 자신의 진정한 마음 상태를 헤아리지 못하거나, 어떻게 해야 마음이 편안해지고 행복한지를 몰라 고뇌하고 갈등하곤 한다. 이때, 만일 자신의 타고난 성격을 정확히 이해하고, 장점은 살리고 단점을 보완해 나간다면, 삶은 더욱 풍요롭고 평온해질 것이다. 60일주 분석은 이처럼 자신은 물론, 주변 사람들의 마음과 심리까지도 헤아리는 데 도움을 줄 수 있다.

사주풀이는 생년월일시(生年月日時) 네 가지 요소를 모두 알아야 정확한 분석을 할 수 있지만, 한 사람의 기본적인 심리는 생년월일까지만 알아도 파악할 수 있다. 그것은 일주(日柱)가 개인의 근본적인 심리와 성향을 대표적으로 보여주기 때문이다. 덕분에 일주 분석은 누구나 쉽게 자신의 내면을 들여다볼 수 있는 장점이 있다. 또한 각 일주는 저마다 고유한 물상(物像)과 상징을 가지고 있어 그 사람의 성향을 빠르고 직관적으로 이해하는 데 도움을 준다.

　하지만 일주의 단 두 글자만으로 한 사람의 성격을 단정 짓는 것은, 마치 퍼즐 한 조각만 보고 전체 그림을 이해하려는 것과 같다. 한 사람의 사주를 정확히 이해하기 위해서는 일간의 강약(신강/신약), 용신(用神)과 기신(忌神)에 따른 유불리, 지지들 간의 형충회합(刑沖會合)은 물론, 대운(大運)이나 세운(歲運)의 흐름까지도 종합적으로 고려해야 한다.

　그럼에도 불구하고 60일주 분석은 기본적인 심리를 파악하는 훌륭한 도구임에는 분명하다. 다만, 이를 절대적인 기준으로 삼아서는 안 된다는 것이다. 따라서 이 책에서는 각 60일주의 기본 심리를 분석하고, 이어서 실제 감명한 사례를 통해 이러한 기본 성격이 현실에서 어떤 차이를 보이는지 이해하고자 한다.

1

甲일간

  甲은 거북이 등껍질을 그린 상형문자에서 유래하였으며, 마치 어린 새싹이 단단한 껍질을 뚫고 힘차게 솟아오르는 형상을 띠고 있다. 이는 양(陽)의 기운이 시작되는 것을 상징하며, 계절로는 만물이 움트는 봄에 해당하여 새롭게 시작하려는 강한 기운이다. 甲木은 하늘 위로 쭉쭉 뻗어 오르려는 나무처럼 맑고 순수한 기운을 가지고 있다. 십신으로는 편재(偏財)의 성질을 가지고 있으며, 甲木의 주요 특징은 다음과 같다.

1. 甲木은 한 곳에 뿌리박고 위로 계속 성장하려고 한다.
2. 甲木은 깊이 생각하기보다 빠르게 행동으로 옮긴다.
3. 甲木은 일의 과정보다는 결과를 중요하게 생각한다.
4. 甲木은 꿈과 이상이 크고, 자존심도 매우 강하다.
5. 甲木은 매사에 자신감이 넘치고 당당한 느낌을 준다.
6. 甲木은 때로는 도도하거나 고고한 이미지를 풍긴다.
7. 甲木은 주도적이며 상황을 통제하려는 성향이 강하다.
8. 甲木은 독선적으로 비춰질 때도 있다.
9. 甲木은 돌려 말하기보다는 직설적이고 솔직하게 표현한다.
10. 甲木은 타인의 조언을 잘 받아들이지 않으려고 한다.
11. 甲木은 겉모습과 달리 타인과 비교하고 경쟁심을 가진다.
12. 甲木은 고집이 강하고, 때로는 허풍스러운 기질도 있다.
13. 甲木은 타고난 리더십을 갖추고 있다.
14. 甲木은 안정적인 저축보다는 과감한 투자를 좋아한다.
15. 甲木은 사업가적인 기질을 가지고 있다.

甲子

甲은 편재 성향이고, 子는 甲의 정인이다.
子의 지장간은 癸로 甲의 정인이다.
甲子일주는 甲木 편재가 기본적인 심리다.

① 기본 심리 분석

甲子는 물가에서 자라고 있는 버드나무와 같은 이미지를 가지고 있다. 물가에 사는 나무는 충분한 물이 있어서 살아가는데 큰 어려움은 없지만, 배수가 잘 되지 않으면 뿌리가 썩어 버릴 수도 있다.

甲子는 甲木 편재의 당당함과 子水 정인의 끌어당기는 힘이 조화를 이루어, 주변의 도움을 잘 이끌어 내고 삶을 적극적으로 개척해 나가는 능력이 뛰어나다. 편재의 본질은 진취성인 반면, 정인은 안정을 추구한다는 점에서 이 둘은 상반된 기질이지만, 甲子는 간지가 水生木의 구조로 되어 자연스러운 조화를 이루고 있다. 다만, 사주에 인성이 많거나 강하면 나태해지거나 의존적인 모습으로 보일 수 있다.

甲子일주는 대체로 나설 때와 물러설 때를 잘 분별하는 능력을 가지고 있다. 하지만 사주에 인성이 과다하면 생각이 지나치게 많아지거나 자기 속내를 잘 드러내지 않아 다소 이기적인 사람으로 비칠 수도 있다.

甲子 남자는 사려 깊은 '상남자'와 같은 분위기를 풍기고, 甲子 여자는 당당하고 매력적인 '걸크러시' 같은 인상을 준다. 또한, 이들은 가족을 잘 챙기는 장남과 장녀와 같은 역할을 하는 경우가 많다.

만일 월간이나 시간에 식신 또는 상관이 있다면, 배운 지식을 실생활에 잘 활용하는 능력은 물론, 학업 성적 또한 우수할 가능성이 크다.

② 실제 사주를 통한 심리 분석

시주	일주	월주	연주
	甲 편재	壬 편인	
	子 정인	子 정인	

甲子일주 여성이다. 연주는 火土이고 시주는 金土인 신강사주다. 인성과다로서 용신은 土이고 희신은 火이다.

甲木일간의 월주에 壬子가 자리하여 강한 水인성을 띠고 있다. 이것은 깊은 지적 호기심과 배움에 대한 의지, 그리고 정신세계가 아주 깊은 사람임을 암시한다. 하지만 이 사주는 인성이 과다하여 생각이 너무 많아 사소한 일에도 깊이 고민하고 신중을 기하기 때문에 행동으로 옮기는 데 주저함이 따르기도 한다. 때로는 다소 의존적이거나 수동적인 모습을 보일 수도 있다.

인성과다 사주에서는 식상과 재성이 반드시 필요한데, 마침 연주에 상관과 강한 정재가 있어 학창 시절부터 남다른 총명함과 활동성을 보였을 것이다. 이는 또한 유복한 환경에서 성장했음을 암시하기도 한다.

무엇보다 좋은 점은 시지에도 土용신이 자리 잡고 있어, 강한 水기운을 제압하고 있다는 것이다. 이는 말년의 편안한 삶을 기대할 수 있으며, 자식 복 또한 있다는 것을 암시한다. 한편, 시간에 강한 정관이 있어서 직장 생활도 오랫동안 안정적으로 이어갈 것으로 보인다. 그러나 용신이 연주와 시주에 있다는 것은 20대부터 40대까지의 생활이 상대적으로 편하지 못할 수 있음을 의미한다. 그렇지만 인생에서 말년의 편안함만큼 좋은 것도 없다.

甲寅

甲은 편재 성향이고, 寅는 甲의 비견이다.
寅의 지장간은 丙, 甲으로 甲의 식신과 비견이다.
甲寅일주는 甲木 편재가 기본적인 심리다.

① 기본 심리 분석

甲寅은 땅에서 잎을 틔우고 하늘 위로 쭉쭉 자라는 큰 나무와 같은 이미지이다. 봄에 새롭게 시작하려는 활기차고 역동적인 기운을 가지고 있다.

성격은 대체로 시원시원하고 호감 가는 인상을 주며, 꾸밈없는 성품 덕분에 주변 사람들에게 인기가 많은 편이다. 특히 甲寅일주 여자는 음양(陰陽)의 조화를 이루어 남성적인 매력을 가진 사람으로 보인다.

일지에 비견이 있으면 대개 고집이 센 편인데, 甲寅은 그중에서도 특히 강한 모습이다. 자기 생각대로 일을 밀어붙이는 경향이 강하며, 타인의 지시를 받는 것을 좋아하지 않는다. 또한 남과 비교되거나 경쟁에서 지는 것을 아주 싫어한다. 이러한 甲寅일주가 강한 편재적 기질도 가지고 있어 결과 지향적인 성향을 띠며, 어떤 난관이 닥쳐도 끈질기게 헤쳐 나가는 강한 의지도 지니고 있다. 다만 봄날의 나무가 하루하루 다르게 성장하듯이 甲寅 또한 강한 역동성으로 인해 삶의 변동 폭은 클 수 있다.

甲寅은 큰 능력을 갖추고 있지만, 사주에 비겁이 많으면 자기 고집 또한 더 강해지는 문제가 발생한다. 甲寅일주의 비다(比多)는 타협을 모르고 자기 생각대로만 일을 추진하려고 해서 동료들과 불협화음을 발생시킬 수 있다. 만일 甲寅일주가 팀의 리더라면 실적은 좋을 수 있어도 함께 일하는 동료들은 힘들어할 수 있다.

② 실제 사주를 통한 심리 분석

시주	일주	월주	연주
	甲 편재	戊 편재	
	寅 비견	辰 편재	

甲寅일주 여성이다. 연주는 土기둥이고 시주는 土火인 신약사주다. 재성과다로써 용신은 木이다.

이 사주의 가장 큰 특징은 재성은 태과(太過)한데 인성의 도움이 전혀 없다는 것이다. 이러한 재다신약(財多身弱)은 자신의 실제 역량보다 더 큰 꿈과 야망을 품고 있음을 의미하며, 이로 인해 해야 할 일과 책임감이 커져 심신이 쉽게 지치거나 심한 스트레스를 받을 수 있다. 특히 재다신약에 무인성(無印星)이면 재물 욕심은 크지만 실속이 없을 수 있고, 재물을 안정적으로 모으고 지키는 데도 어려움을 겪을 수 있다. 그렇지만 이 사주는 辰月에 태어나 甲木일간의 든든한 뿌리가 되어주며, 비록 사주에 水인성은 없더라도 辰土의 지장간에 癸水라도 있어서 불행 중 다행이라고 할 수 있다.

더욱이 甲寅일주가 무인성이면 자신을 지지하고 도와주는 사람이 없어 모든 것을 혼자의 힘으로 해결하려는 고독한 모습을 보인다는 암시도 있다. 어쩌면 이는 타인에게 약한 모습을 드러내거나 도움받기를 꺼리는 성향 때문일 수도 있다. 비록 누구의 도움도 없이 홀로 일어섰다는 자부심을 가질 수는 있겠지만, 복잡한 세상을 홀로 헤쳐 나가는 것은 결코 쉬운 일이 아니다. 다행히 일지에 비견 용신이 있으니, 동료나 친구와 함께한다면 삶이 훨씬 수월해질 수 있다.

甲辰

甲은 편재 성향이고, 辰은 甲의 편재이다.
辰의 지장간은 乙, 癸, 戊로 甲의 겁재, 정인, 편재이다.
甲辰일주는 甲木 편재가 기본적인 심리다.

① 기본 심리 분석

甲辰은 비옥한 땅에 뿌리를 깊게 내린 아름드리나무와 같은 형상으로, 4월에 푸른 잎을 활짝 펼쳐 생명력이 넘치는 모습을 연상시킨다. 고서에서도 甲辰을 길하고 귀한 일주로 보았다.

甲辰일주는 간지가 모두 편재로 되어 활동성과 독립적인 기질이 강하고, 자수성가하고자 하는 욕망도 있다. 또한 지장간에 겁재와 인성을 두어서 직장 생활에서도 성실하고 주도적인 면모를 보인다. 甲辰은 성장 가능성이 높은 대기업 등에서 자신의 역량을 펼치기를 선호한다.

甲辰과 甲寅은 모두 편재성이 강하지만, 甲寅보다는 甲辰의 삶이 더 윤택하고 안정적인 모습으로 보인다. 甲寅은 일지가 비견이어서 비교적 단순한 성정을 보인다면, 甲辰은 지장간에 정인을 가지고 있어서 어려운 상황에 처하더라도 지혜롭게 극복해 나가는 힘이 있다. 또한 지장간의 겁재는 재물을 모았을 때 악착같이 지키려는 기질로 발현될 수 있다.

이처럼 甲辰일주는 다양한 장점을 가지고 있어서 예로부터 길한 일주로 여겨져 왔다. 하지만 강한 편재성은 지시하고 통제하려는 성향이 강해서, 만일 사주원국에 비겁까지 많다면 주관과 고집이 매우 강한 성격으로 될 수 있다. 이런 경우에는 관성이 희신(喜神)의 역할을 하게 된다.

② 실제 사주를 통한 심리 분석

시주	일주	월주	연주
	甲 편재	甲 비견	
	辰 편재	戌 편재	

甲辰일주 여성이다. 연주는 木기둥이고 시주는 水金이다. 甲木의 기운이 강하지만 戌土 월지는 메마른 땅이고, 일지는 월지와 辰戌충으로 되어 많이 불안정해서 甲木이 깊게 뿌리내리기는 어려운 환경이다. 그래서 용신은 水가 바람직하고 희신은 金이 된다.

이 사주의 두드러진 특징은 첫째, 비겁이 세 개나 있고 인성의 도움도 받지만 일간의 힘의 아주 강하지 않다는 것이다. 둘째는 일지와 월지에 편재가 강하게 자리 잡고 있다는 것이다. 이것은 마치 잡힐 듯하면서도 잡히지 않는 무지개와 비슷한 느낌을 준다. 재물에 대한 욕심은 있지만 뜻대로 순조롭게 풀리지 않거나, 직장에서의 목표는 크지만 주변에 만만치 않은 경쟁자들이 많다는 것을 암시한다. 한편, 일지와 월지가 서로 충(沖)하여 흔들리는 모습은 배우자 자리가 다소 불안정할 수 있다는 의미로도 풀이된다.

  반면 일지에서 시작된 生의 흐름이 시지와 시간을 거쳐 일간까지 이어지고 있는데, 이는 배우자의 헌신적인 지지나 도움으로 직장 생활에 더욱 적극적으로 임할 수 있음을 암시한다. 또는 젊은 시절부터 큰 목표를 가지고 열심히 노력한 것이 중년 이후부터 직장 운이 잘 풀리기 시작한다는 의미도 된다. 사주의 구성이 밝고 활달한 기운을 지니고 있어, 궁극적으로 많은 복록을 불러들이는 모습이다.

甲午

甲은 편재 성향이고, 午은 甲의 상관이다.
午의 지장간은 丁으로 甲의 상관이다.
甲午일주는 甲木 편재가 기본적인 심리다.

① 기본 심리 분석

甲午는 한여름, 짙은 녹음이 드리워진 울창한 나무를 떠오르게 한다. 무성한 잎사귀들은 당당한 생명력을 보이고, 그 아래에 그늘을 만들어 무더위에 지친 사람들이 편히 쉴 수 있는 자리도 만들어 준다. 이처럼 甲午는 생동감 넘치는 에너지와 베풀 줄 아는 따뜻한 마음을 가지고 있다.

甲午는 본래 낙천적이고 명랑한 성품으로 주변을 밝게 만드는 에너지를 가지고 있다. 뛰어난 표현력을 가지고 있어 사교성이 뛰어나며, 甲木의 편재성과 午火의 상관성이 있어 한 번 마음이 꽂히면 모든 것을 쏟아붓는 순수한 열정도 가진 일주이다.

甲木의 직진성과 午火의 불같은 기질은 때로 다소 급하고 다혈질적으로 나타날 수 있다. 특히 사주에 인성(印星)의 도움이 없다면 끈기가 약해 보일 수 있고, 자기 생각을 거침없이 드러내다 의도치 않게 타인에게 상처를 줄 수도 있다. 甲午는 간지가 木生火로 이루어져 자신의 에너지를 모두 불태워 버리는 형상이므로, 쉽게 지치거나 번아웃이 될 수도 있다.

甲午는 강한 상관성을 지녀 새로운 일을 시작하는 추진력은 뛰어나지만, 급한 성격 탓에 업무상 실수가 생기거나 일의 마무리가 미흡할 수 있다. 그래서 甲午는 사주에 인성의 도움이 반드시 필요한 것이다.

② 실제 사주를 통한 심리 분석

시주	일주	월주	연주
	甲 편재	辛 정관	
	午 상관	亥 편인	

甲午일주 여성이다. 연주는 火기둥이고 시주는 木土인 신약사주다. 식상과다로써 용신은 水이고 희신은 金이다.

이 사주는 일간과 시간에 甲木이 있어서 자존심과 독립심 또는 경쟁심이 강한 편이며, 식상의 기운도 강해 조직 내에서 최고가 되려는 욕망도 큰 사람이다. 한편 연간의 丁火는 월간의 정관을 극(剋)하고 있는데, 이를 상관견관(傷官見官)이라고 한다. 이는 조직 내 엄격한 규칙과 통제에 순응하기보다는 자신의 방식대로 일을 처리하려는 성향으로 나타나는데, 만일 이러한 성향을 잘 이해하지 못하는 상사와 같이 근무한다면 갈등이 발생할 수도 있다. 다행히 이 사주는 월주에 용신과 희신이 있어 조직 생활에 큰 문제는 없을 것이며, 자신의 능력도 잘 발휘할 수 있을 것으로 보인다.

甲午 자체도 활동적인데 월지와 연지에 亥水와 巳火까지 있어 더욱 활발한 성향을 띤다. 그런데 이 둘은 巳亥충을 이루고 있다. 巳火와 亥水는 생지(生支)로서 강한 활동성을 지니는데, 이처럼 연지와 월지에서 巳亥충이 발생하면 초년기나 청년기에 환경의 변화가 컸음을 암시한다. 巳亥충은 예상치 못한 이동이나 사고를 암시하기도 하므로 행동에 여유를 갖는 자세가 필요하다. 한편, 이 사주의 장점은 일지와 시지가 식생재(食生財)의 흐름을 이루어 말년의 재물 운을 기대할 수 있다는 점이다.

甲申

甲은 편재 성향이고, 申은 甲의 편관이다.
申의 지장간은 壬, 庚으로 甲의 편인, 편관이다.
甲申일주는 甲木 편재가 기본적인 심리다.

① 기본 심리 분석

　甲申은 바위 위에서 자라는 나무와 같은 형상으로, 멀리서는 아름다운 산수화처럼 보인다. 하지만 비바람을 견디며 바위 위에 굳건히 서 있는 모습에서는 강인한 기상이 느껴진다.
　편(偏)은 정(正)보다 더 본능적이고 강한 힘을 가지는데, 편재와 편관으로 이루어진 甲申은 어려움이 닥쳐도 당당하게 헤쳐 나가려는 기질이 있다. 일지 편관은 절제력과 인내심이 강하고 민첩하게 행동하는 성향을 의미하므로, 甲申일주는 경찰과 군인 같은 직업에 적합할 수 있다. 일반 직장이라면 건설업이나 총무부서 등에서 역량을 발휘할 수 있다.
　하지만 일지 편관은 외부 환경 변화에 상당히 민감해, 성격이 예민하고 신경질적인 면이 나타날 수 있다. 인내심은 강한 편이지만 순간적으로 감정이 폭발할 위험도 있다.

편재는 앞으로 나아가려는 직진 성향을 지닌 반면 편관은 과거를 돌아보는 성향을 가지고 있어, 이처럼 서로 상반된 성질로 된 甲申은 감정의 기복이 심한 편에 속한다. 따라서 甲申일주는 명상을 통해 자신의 급한 성정을 다스리고 조절하는 노력이 필요하며, 사주원국에 水인성이 있으면 한결 안정적인 삶을 누릴 수 있게 된다.

② 실제 사주를 통한 심리 분석

시주	일주	월주	연주
	甲 편재	乙 겁재	
	申 편관	酉 정관	

甲申일주 여성이다. 연주는 金기둥이고 시주는 木土인 신약사주다. 관성과다의 신약사주는 인성을 용신으로 쓰지만, 이 사주에는 水가 없어서 木비겁을 용신으로 쓴다.

이 사주의 甲木일간은 극도로 강한 金기운에 둘러싸여 있다. 지지에서도 신유술(申酉戌) 방합이 이루어져 강력한 금국(金局)을 형성하고 있는데, 이는 마치 도봉산 인수봉 정상에 나무 한 그루가 위태롭게 서 있는 모습과 비슷한 느낌을 준다.

일반적으로 金관성이 태과(太過)하면 매우 민감한 성격으로 생각할 수 있지만, 외부 변화와 자극이 없다면 오히려 편안한 생활을 한다. 그것은 관성이 위험과 스트레스를 적극적으로 회피하려는 성질을 가지고 있기 때문이다. 특히 관다(官多)에 무인성(無印星)이면 굳이 스스로 업무를 찾아 나서기보다는 책임이 덜한 단순 업무만 맡으려는 경향이 있다. 한편, 이들은 자신을 평가하는 상사에게는 최선을 다하는 모습을 보이면서도, 자신보다 약하거나 직위가 낮은 사람에게는 냉정하거나 가혹한 태도를 보이기도 한다. 이 사주는 진용신(眞用神)인 水인성이 없어서 공부와는 그다지 인연이 없어 보인다. 다만 대운이나 세운으로 水운이 올 때를 이용해 열심히 공부해서 자격증이라도 취득한다면 좋다. 또한 木비겁이 용신의 역할을 하므로 주변 사람들과 협력하는 자세가 중요하다.

甲戌

甲은 편재 성향이고, 戌은 甲의 편재이다.
戌의 지장간은 辛, 丁, 戊로 甲의 정관, 상관, 편재이다.
甲戌일주는 甲木 편재가 기본적인 심리다.

① 기본 심리 분석

甲戌은 가을의 마른 땅 위에 서 있는 나무와 같다. 단풍이 짙게 든 가을 나무는 아름답지만 어딘가 허전함이 느껴진다. 甲木은 여전히 위로 성장하려 하지만, 앉은 자리가 마르고 척박하여 불안정한 상태이다. 그래서 甲戌은 보이는 모습과는 다르게 내실이 약할 수 있다.

甲戌은 강한 편재의 기운을 가지고 있어 욕심은 많지만, 한 가지 일을 꾸준히 지속하는 힘은 다소 부족해 산만해 보일 때가 있다. 또한 앉아서 하는 일보다는 활동적인 일을 선호하며 독자적으로 일을 추진하려는 성향이 강하다.

일지가 土라면 지장간이 복잡해져 내면의 심리 상태도 복잡해질 수 있는데, 이 때문에 甲戌은 甲木의 단순한 모습과는 달리 속으로 여러 갈등을 겪는 경우도 많다. 특히 지장간에 있는 辛金은 마음에 들지 않는 것을 냉정하게 끊어내는 성향으로 작용하기도 한다.

甲戌과 甲辰은 일지가 모두 편재로 같은 구조이지만, 계절적 요인으로 인해 약간의 차이를 보인다. 두 일주 모두 자신의 미래를 긍정적으로 전망하지만, 봄의 기운을 지닌 甲辰이 가을인 甲戌보다 더 발전적으로 생각한다. 지장간 구성 역시 달라, 甲辰이 甲戌보다 근성과 책임감이 더 강하며 주위의 도움도 더 잘 끌어낸다. 반면 甲戌은 혼자 힘으로 어려움을 극복하려는 기질이 더 강하다.

② 실제 사주를 통한 심리 분석

시주	일주	월주	연주
	甲 편재	己 정재	
	戌 편재	丑 정재	

甲戌일주 여성이다. 연주는 木土이고 시주는 火木이다. 재성과다이지만 월지와 연지에 丑土가 있어서 용신은 火이고 희신은 木이다.

이 사주는 재다(財多)로 되어 가만히 앉아 있지 못하는 성격이며 이재(理財)에도 밝은 편이다. 특히 일간은 정재인 월간과 甲己합까지 이루어 실리를 추구하는 성향이 아주 강해져 있다. 일반적으로 재다신약(財多身弱) 사주는 강한 성취욕과 재물욕에도 불구하고 결과가 그리 만족스럽지 않다. 그러나 이 사주는 시간에 丙火가 있어 꽁꽁 언 丑土를 녹여 甲

木일간이 월지에 뿌리를 잘 내릴 수 있도록 돕고 있다. 또한 시주에 용신과 희신이 몰려 있어, 말년으로 갈수록 자신의 재능을 잘 발휘하고 큰 재물을 취할 가능성도 크다.

재성과다인 이 사주는 원국에 인성이 없어 쉽게 지치는 데다, 무관(無官)이라 자신의 과도한 활동을 적절히 제어하지 못하는 구조이다. 재다신약은 자신이 가진 에너지에 비해 오버슈팅(overshooting)할 가능성이 큰, 마치 '브레이크 없는 자동차'와 같은 위험이 있으므로 주의가 필요하다. 따라서 충분한 휴식과 여유로운 마음가짐, 그리고 규칙적인 운동을 통해 신체 에너지를 잘 관리하는 것이 중요하다. 또한 사주에 인성이 없어 공부에는 관심이 적을 수 있으나, 미래를 위해 자기계발에 힘쓰는 것이 좋다.

2

乙일간

　甲이 하늘 위로 솟아오르는 큰 나무와 초봄의 맑고 순수한 기운을 상징한다면, 乙은 옆으로 퍼지는 꽃이나 풀, 또는 덩굴식물 등에 비유할 수 있다. 또한 乙은 강렬한 꽃향기와 달콤한 꿀로 벌들을 유혹하여 더 많은 수분(受粉)을 이루려는 본능도 지니고 있다.

　甲木이 눈앞의 장애물을 강한 힘으로 극복하려고 한다면, 乙木은 장애물과 뒤엉켜서 유연하게 해결하려고 한다. 乙木은 甲木보다 더 치밀하고 지능적으로 상황에 대처하며, 때로는 강한 상대 앞에서는 기꺼이 고개를 숙일 줄 아는 처세술도 갖추고 있다. 이처럼 현실을 치밀하게 계산하여 실속을 챙기려고 하는 속성은 십신 중 정재(正財)와 흡사하다. 정재와 편재의 차이점은 아래와 같다.

정재 성향	편재 성향
이성적, 합리적	감정적, 즉흥적
섬세함, 정확함	대범함
현실적인 목표	큰 목표
작지만 많은 수	크지만 적은 수
직장인, 급여	사업가, 투자

피보나치수열(Fibonacci secuence)이라는 것이 있다. 예를 들어 한 쌍의 토끼가 매달 출산을 한다면, 개체 수는 1, 1, 2, 3, 5, 8, 13, 21, 34… 등과 같이 늘어나고, 앞의 두 수의 합은 항상 다음 수가 된다는 것이 피보나치수열이다. 그리고 뒤의 수를 앞의 수로 계속 나누면 1.618034…와 같은 황금비율(Golden Ratio)에 가까워지게 된다. 대부분의 자연계 식물은 피보나치수열에 따라 잎의 개수를 가질 뿐만 아니라, 잎의 배열도 약 137.5도에 가까운 황금각(Golden Angle)을 이루고 있다. 한낱 작은 풀과 꽃이지만 인간보다 훨씬 더 정교한 규칙을 따르고 있어, 옛사람들이 乙을 식물에 비유한 것은 과학적으로도 매우 타당하다고 할 수 있다.

乙丑

乙은 정재 성향이고, 丑은 乙의 편재이다.
丑의 지장간은 癸, 辛, 己로 乙의 편인, 편관, 편재이다.
乙丑일주는 乙木 정재가 기본적인 심리다.

① 기본 심리 분석

乙丑은 봄의 화초(乙木)가 섣달의 꽁꽁 언 땅(丑土) 위에 서 있는 형상이다. 이는 마치 눈보라와 서리 속에서도 꿋꿋이 피어나는 매화처럼, 단정하고 정갈한 모습과 강인한 생명력을 품고 있음을 의미한다.

매화의 신비롭고 고독한 아름다움처럼, 乙丑은 한겨울의 매서운 추위 속에서 주변의 도움을 기대하기 어려워 깊은 외로움을 느끼곤 한다. 그러나 乙木의 질긴 생명력과 지장간 속 편인의 숨은 도움을 받아 역경을 슬기롭게 극복하려는 강한 의지를 발휘한다. 겉으로는 부드럽고 약해 보일 수 있으나, 내면에는 단단하고 강한 힘을 품고 있는, 전형적인 외유내강형이 바로 乙丑이다.

丑土는 乙木의 편재여서, 乙丑은 재물에 대한 감각이 뛰어나다. 특히

乙木의 섬세하고 정확한 성질은 꼼꼼하고 계획적인 관리를 통해 재산을 착실히 불려 나가는 데 강점으로 작용한다. 마치 척박한 땅에서도 아름답게 피어나는 매화꽃처럼, 전형적인 자수성가형이 乙丑이다.

丑土는 오행상 土이지만 지장간이 金生水로 흘러 강한 水의 성질, 즉 편인적 기질도 두드러진다. 여기에 乙木의 정확하고 꼼꼼한 성질이 결합되면서, 乙丑은 한 분야를 깊이 있게 파고드는 성향을 갖게 된다. 그래서 乙丑은 전문직 또는 연구직 등에서 자신의 역량을 잘 발휘할 수 있다.

② 실제 사주를 통한 심리 분석

시주	일주	월주	연주
	乙 정재	壬 정인	
	丑 편재	戌 정재	

乙丑일주 남성이다. 연주는 土金이고 시주는 火土이다. 사주에 土재성이 네 개나 되지만 일간을 돕는 인성은 월간에 단 하나뿐이고, 이마저도 연간과 월지의 극(剋)을 받고 있는 상태이다. 또한 재다신약(財多身弱) 사주에서는 비겁이 용신으로 최적이지만 이 사주는 무비겁(無比劫)이다. 이런 사주 구조는 자신이 짊어져야 할 책임감은 막중하지만, 모든 것을 홀로 감당하고 이끌어 가야 하는 처지임을 암시한다.

다행인 점은 용신인 壬水가 연지 申金에 굳건히 뿌리를 내리고 있으며, 일지와 시지의 丑土에서도 약하게나마 힘을 얻고 있어 乙木에게 큰 힘이 되어 주고 있다는 것이다. 또한 시간의 丁火는 추운 땅에 온기를 불어넣고 있어서 乙木일간이 자라나는데 큰 힘을 실어주고 있다.

  이 사주는 비록 재다신약이지만 용신의 힘이 약하지 않고, 월간부터 시지까지 生의 흐름이 이어지는 식생재(食生財)로 되어 있다. 이는 자신의 능력을 최대한 발휘하여 좋은 결실을 맺을 수 있음을 암시한다. 따라서 인성(印星)에 해당하는 공부를 통해 재물을 얻는 것이 최선의 방법이다. 다만, 신약사주의 특성상 신체와 정신의 에너지가 약해지면 재물 운도 멀어질 수 있으니 운동과 명상을 통해 에너지를 꾸준히 끌어올리는 노력이 반드시 필요하다.

乙卯

乙은 정재 성향이고, 卯는 乙의 비견이다.
卯의 지장간은 乙로 乙의 비견이다.
乙卯일주는 乙木 정재가 기본적인 심리다.

① 기본 심리 분석

乙卯는 봄날에 피어나는 화초를 닮아 있다. 여린 초록 줄기에는 밝고 활기찬 기운이 넘치며, 여름이 다가올수록 순식간에 퍼져 나가는 확장성도 지니고 있다. 겉으로는 약해 보여도 들판의 잡초처럼 어떤 비바람에도 쉽게 꺾이지 않는 끈질긴 근성을 가지고 있다. 이처럼 밟아도 다시 일어서는 강인한 생명력과 생활력을 지녔을 뿐만 아니라, 간지가 모두 재성이어서 매사를 꼼꼼하고 정확하게 추진하는 강점도 있다.

乙卯일주는 간지의 오행이 동일하고 지장간 또한 단순하여, 순수하고 담백한 성격이 많다. 그러나 乙卯는 辛酉, 壬子와 더불어 '고집의 3대장'으로 불릴 만큼 강한 면도 있다. 남의 시선을 의식하기보다 자기 소신대로 행동하는 편이며, 자신의 생각과 맞지 않는다면 쳐다보지도 않는 단호한 면모도 지니고 있다. 乙卯는 유한 겉모습과 달리 결코 쉽거나 만만한 성격이 아니다. 또한 간지가 모두 양중음(陽中陰)이어서, 자신의 속내를 타인에게 쉽게 드러내지 않고 자신만의 독립적인 위치를 유지하려는 성향이 있다.

만일 乙卯일주가 비겁다(比劫多)의 구조로 되면, 자신의 고집과 주장이 지나치게 강해져 주변 사람들과 잘 어울리지 못하고 겉돌 수 있다. 이럴 경우, 사주원국에 관성이 있어야 사주의 균형을 맞출 수 있다.

② 실제 사주를 통한 심리 분석

시주	일주	월주	연주
	乙 정재	丁 식신	
	卯 비견	巳 상관	

乙卯일주 남성이다. 연주와 시주가 모두 土木으로 이루어져 있으며 비겁이 과다한 신강사주이다. 사주원국에 인성과 관성은 없으며, 용신은 火, 희신은 土이다.

이 사람은 엄청난 자존심과 추진력을 가지고 있는데, 월주가 식상이고 연간과 시간에 土재성이 있어서 자신의 능력을 발휘해 원하는 재물과 목표를 성취할 가능성이 높다. 그러나 乙卯일주가 비다(比多)에 무관(無官), 무인성(無印星)으로 되어 있어, 대단한 고집불통이라고도 할 수 있다.

乙卯일주가 비다에 무인성이면, 타인의 의견과 도움을 구하지 않고 자기 고집대로 일을 추진하고 인생을 살아가려고 한다. 그리고 乙卯가 비다에 무관성으로 되면 타인의 통제나 간섭 또는 조직의 틀에 갇히는 것을 아주 싫어하는 성향을 띠게 된다. 자신을 통제하는 힘이 약해, 충동적이거나 즉흥적인 면이 강하게 드러내는 성격으로 나타난다.

  이런 구조는 일반적인 직장 생활보다는 전문직에 종사하거나, 또는 혼자 자유롭게 일하는 환경이 더 적합할 것이다. 다만, 사주에 인성이 없어서 끈기 있게 공부하는 데는 다소 어려움이 따를 수 있으나, 역설적이게도 무관에 무인성인 사주는 자신만의 방식대로 편안하고 자유로운 삶을 살아가는 경향이 있다. 자기 성격에 잘 맞는 직업을 찾는다면 안분자족(安分自足)할 수 있다.

乙巳

乙은 정재 성향이고, 巳는 乙의 상관이다.
巳의 지장간은 庚, 丙으로 乙의 정관, 상관이다.
乙巳일주는 乙木 정재가 기본적인 심리다.

① 기본 심리 분석

乙巳는 여름날 활짝 피어난 꽃이나 화초와 같다. 타고난 재능과 밝고 긍정적인 에너지로 주변을 환하게 밝히는 매력적인 사람을 상징한다.

乙巳는 간지가 木生火의 구조를 이루어, 자신의 에너지가 아래로 막힘없이 흘러서 뛰어난 창의력을 발휘한다. 또한 정재와 상관의 기운을 가지고 있어 적극적이고 부지런한 성격이다. 직장에서도 단순히 주어진 일만 하지 않고 업무상 문제점과 개선점을 적극적으로 찾아 나서는 능동적인 모습을 보인다. 특히 일지가 상관이면 사회성 또한 좋아서 주위 사람들에게 인기도 많다.

乙巳일주가 신약사주인데 무관성(無官星)으로 되면, 조직 사회에 적응하는 데 다소 어려움이 있다. 책임감이 부족하거나 일의 마무리가 약할 수도 있고, 때로는 허세를 부리는 사람으로 비치기도 한다. 만일 신약사주인데 식상(食傷)이 과다하면, 자신의 에너지를 지나치게 소모하게 되어 심한 스트레스와 감정 기복을 겪을 수 있다. 지나치게 비판적이거나 불평불만이 많은 사람으로 비칠 수 있으며, 에너지를 한 곳에 집중하지 못해 변덕스러운 면을 보이기도 한다.

乙木은 여린 화초에 비유되므로 甲木 교목만큼 힘을 가지지는 못한다. 그래서 乙木일간은 자신보다 강하거나 우위에 있는 사람과 함께하는 것을 불편하게 느낀다. 특히 乙巳일주는 남들과 비교되는 것을 아주 싫어하는 특징이 있다.

② 실제 사주를 통한 심리 분석

시주	일주	월주	연주
	乙 정재	辛 편관	
	巳 상관	巳 상관	

乙巳일주 남성이다. 연주는 金土이고 시주는 火水인 신약사주다. 상관 과다이고 용신은 水이다. 희신은 木이지만 원국에는 없다.

월지에 巳火상관이 자리하고 시간에 丙火가 투간되어 상관격(傷官格)을 이루고 있다. 乙木의 상관격은 뛰어난 능력과 재주를 지닌 경우가 많다. 사주에 상관이 많으면 다방면에 호기심이 많고, 바른 말을 잘하고 약간의 반항적 기질도 있다. 그러나 상관다(傷官多)인데 신약사주로 되면, 시작하고 벌이는 일은 많을 수 있지만 그에 비해 거두어들이는 힘은 약할 수 있다.

일간이 월간과 乙辛충이 되어 다소 예민하고 조심성이 많은데, 연간에도 정관이 있어 관살혼잡(官煞混雜)을 이루고 있다. 이것은 보이는 모습과 달리 정신적 스트레스와 압박감이 상당할 수 있음을 암시한다. 또한 일지가 시지의 극(剋)을 받고 있어 감정 기복도 다소 있다. 이처럼 사주 내에서 상관과 관성의 힘이 강하게 작용하면 언행에 신중을 기하는 것이 중요하다.

다행히도 시지의 水용신이 火의 뜨거운 열기를 식혀 주고 있으며 金의 날카로운 기운도 잘 받아내고 있다. 중년까지는 다소 힘든 시기를 겪을 수 있지만, 말년에는 안정을 찾고 노력의 결실을 맺을 수 있을 것이다. 한편 인성이 용신이므로 공부에 매진하는 것과 지혜를 줄 수 있는 좋은 멘토를 만나는 것이 중요하다.

> # 乙未
>
> ～～～～～～～～～～～～～～～～～～～～～～～～
>
> 乙은 정재 성향이고, 未는 乙의 편재이다.
> 未의 지장간은 丁, 乙, 己로 乙의 식신, 비견, 편재이다.
> 乙未일주는 乙木 정재가 기본적인 심리다.

① 기본 심리 분석

　乙未는 덥고 메마른 땅에 굳건히 뿌리를 내리고 있는 화초와 비슷하다. 이는 마치 사막의 선인장처럼 끈질기고 강인한 생명력을 지니고 있지만, 인상은 부드럽고 온화한 경우가 많다. 乙未일주는 겉으로는 사교적이고 원만한 모습을 보이는 경우가 많지만 실제로는 자신의 속내를 쉽게 드러내지 않아, 주변에서 '속을 알기 어렵다'는 평을 듣기도 한다. 이러한 모습은 스스로 상처받는 것을 피하려는 방어기제일 수도 있다.

　乙未는 지장간이 비식재(比食財)로 되어 있고 간지도 모두 재성이어서, 목표에 대한 집념과 의지가 매우 강한 일주이다. 이는 단순히 강한 고집을 가진 乙卯와는 달리, 현실적인 목표를 이루려는 강한 의지를 지닌 것으로 해석된다.

乙未와 乙丑은 모두 土일지이지만 그 성향은 다소 다르다. 乙丑은 지장간에 水인성이 있어 乙未보다 좀 더 신중하고 사려 깊은 성격이다. 반면 乙未는 지장간이 식신생재(食神生財)로 되어 환경 적응력이 뛰어나고, 목표 추진력이 더 강하게 발휘되는 성향을 가진다. 다만, 어려움을 버티는 힘은 乙丑이 더 강한 면모를 보여, 실질적인 면에서는 乙丑이 좀 더 낫다. 만약 乙未일주가 사주에 인성이 없으면 다소 성급한 판단으로 인해 만족스러운 결과를 얻는 데 어려움이 있을 수 있다. 그래서 많은 경험을 통해서 자신의 단점을 극복하는 것이 필요하다.

② 실제 사주를 통한 심리 분석

시주	일주	월주	연주
	乙 정재	壬 정인	
	未 편재	寅 겁재	

乙未일주 남성이다. 연주는 水木이고 시주는 火土인 신강사주다. 용신은 火이고 희신은 土이다.

乙木일간이 월지에 뿌리를 강하게 내리고 있으며, 월간과 연간의 인성도 일간의 힘을 강하게 해주고 있다. 그리고 일간의 강한 에너지는 시간과 시지로 자연스럽게 흘러가는 식신생재(食神生財)의 아름다운 구조를 이루고 있다. 이것은 어려서부터 학업에 정진했던 노력이 재물 복으로까지 순조롭게 연결되는 좋은 흐름으로 해석된다. 이 사주는 연주와 월주가 壬寅으로 동일하여, 어린 시절부터 청년기에 이르기까지 행동에 꾸준한 일관성을 보인다. 또한 천간에는 강한 정인이 있고 지지에는 강한 겁재가 있어, 친구들과 어울려 놀기보다 독서와 학업에 더 흥미를 느끼고 몰두하는 성향을 보인다.

이 사주는 무관성(無官星)으로, 타인의 간섭을 받거나 정해진 틀에 얽매이는 것을 싫어한다. 또한 비겁과 인성이 강하게 자리 잡고 있어 자신이 정한 규칙대로 생활하며, 선택한 일을 끝까지 밀고 나가는 집념도 있다. 학업 성적 또한 우수해서 일반 직장보다는 전문직에서 더 두각을 나타낼 수 있다. 만일 乙未가 비다(比多)와 무관(無官)으로 되면 보이는 유순한 이미지와는 다르게 대인관계는 원활치 않을 수 있다.

乙酉

乙은 정재 성향이고, 酉는 乙의 편관이다.
酉의 지장간은 辛으로 乙의 편관이다.
乙酉일주는 乙木 정재가 기본적인 심리다.

① 기본 심리 분석

乙酉는 바위 위에 피어난 꽃처럼 단아하고 아름다운 용모를 지닌 경우가 많다. 비록 앉은 자리가 불안하고 비바람에 취약할 수 있지만, 거친 환경 속에서 아름다움을 꽃피우는 강한 생명력을 가지고 있다.

일지 편관은 위험을 빠르게 감지하는 성질이 있어, 乙酉일주는 대인관계에 있어 특히 민감하고 예민한 모습을 보인다. 乙木의 부드러움 안에 酉金의 날카로움을 동시에 지니고 있어서, 만일 乙酉를 단순히 명랑한 성격으로만 판단한다면 乙酉의 절반만을 이해한 것이다.

밝은 듯하면서도 예민한 성격은 사주원국에 강한 인성이 뒷받침되어야 한층 부드러운 성품으로 완화될 수 있다. 특히 일지 편관들 중에서도 酉金 편관은 과거에 자신을 힘들게 했던 기억을 마음 속 깊이 담아 두는 경향이 있다. 이로 인해, 乙酉일주 스스로도 이러한 자신의 성격 때문에 많은 스트레스를 받기도 한다.

乙酉는 업무를 실수 없이 처리해야 한다는 강한 압박감을 느끼는데, 이는 단순히 정재의 꼼꼼함에서 비롯된 것만은 아니며, 편관의 예민함도 함께 작용하기 때문이다. 이 때문에 업무상 실수가 발생하면 심한 자괴감에 빠질 수도 있다. 乙酉와 甲申은 모두 일지가 편관이지만 편관의 특징은 乙酉가 더 강하다. 이는 음간(陰干)과 양간(陽干)의 차이뿐만 아니라 지장간의 차이도 있어서이다.

② 실제 사주를 통한 심리 분석

시주	일주	월주	연주
	乙 정재	甲 겁재	
	酉 편관	戌 정재	

乙酉일주 남성이다. 연주는 土金이고 시주는 水火인 신약사주다. 용신은 水이고 희신은 木이다.

사주에서 한 개인의 성격과 대인관계를 규정하는 핵심은 일주와 월주의 상호작용이다. 이 사주의 경우, 월간에는 겁재가 자리하고 있으며 일간과 월지에서는 정재의 기운이 두드러진다. 무엇보다 중요한 특징은 일지가 월지의 生을 받아 편관적 기질이 더 강하게 되었다는 점이다. 정재와 편관의 강한 기운은 겁재와 상응하여 자존심과 경쟁심을 강하게 드러내며, 자신에게 주어진 임무를 완벽하게 처리하려는 책임감과 강력한 추진력으로 나타난다.

다만, 편관 특유의 예민함은 사소한 자극에도 민감하게 반응하는 성향을 의미하기도 하므로, 스트레스에 취약한 모습을 보인다.

사주 원국에서 연주는 개인의 초년운과 유년기 기질을 상징하지만, 그 영향력은 성인기에 접어들면서 점차 약해진다. 이와 달리 시주는 50대 중후반, 즉 인생의 후반부에 접어들수록 그 기운이 더욱 강력하게 발현되어, 말년의 삶의 양상을 결정짓는 핵심적인 역할을 한다.

이 사주의 구조를 보면, 시주에 인성이 자리하고 있어 나이가 들어갈수록 철학, 종교, 명상과 같은 형이상학적 분야에 관심이 커질 수 있음을 암시한다. 이는 젊은 시절 겪었던 고뇌와 갈등을 성찰하고, 내면의 성숙을 통해 정신적인 충만감을 얻으려는 의미이다.

더욱이 긍정적인 부분은 시지에 자리한 火식상이 일지의 강한 편관을 효과적으로 제어한다는 점이다. 이는 초년과 중년에 겪었을 편관 특유의 예민함과 긴장감이 노년기에 접어들며 자연스럽게 해소되고, 삶을 대하는 시각이 한층 유연하고 포용적으로 변화함을 뜻한다.

이처럼 인생의 후반부에 이르러 내면의 안정과 함께 물질적 편안함까지 누릴 수 있다는 것은 큰 복이 아닐 수 없다.

乙亥

乙은 정재 성향이고, 亥는 乙의 정인이다.
亥의 지장간은 甲, 壬으로 乙의 겁재, 정인이다.
乙亥일주는 乙木 정재가 기본적인 심리다.

① 기본 심리 분석

乙亥는 연못에 아름답게 피어 있는 연꽃과 같은 이미지이다. 일지 정인은 강한 수용성을 지니고 있어, 자신에게 도움이 되는 것이나 도움을 줄 수 있는 사람을 본능적으로 잘 찾는다. 일반적으로 일지가 정인이면 인복이 많다고 한다.

乙亥일주는 간지가 정재와 정인으로 되어, 자기 이익에 민감하며 남에게 베풀기보다 받으려는 본능이 강하여 다소 이기적으로 보일 수 있다. 이는 마치 연꽃이 물이 풍부한 곳에서 자라는 것과 비슷하다. 겉으로는 연꽃처럼 맑고 깨끗한 이미지를 가지고 있지만, 지장간에 겁재가 있어서 은근한 고집과 경쟁 심리를 가진 일주이다.

乙亥가 매사에 신중한 모습을 보이는 것은 정재와 정인의 영향 때문이다. 만일 사주원국에 인성이 강하게 되면, 배짱이 부족하고 생각과 걱정이 많은 사람으로 비치기도 한다. 그래서 乙亥일주는 사주에 火식상이 있어야 사회생활이 조금 더 편안해질 수 있다.

乙亥일주와 甲子일주는 모두 木일간에 일지가 水정인이어서 서로 엇비슷한 성향을 보인다. 그러나 甲子는 양간(陽干)으로 외향적인 성향이 강하고, 乙亥는 음간(陰干)으로 내향적인 성향을 지니고 있어 甲子가 乙亥보다 더 적극적인 성격이다. 특히 여자의 경우, 乙亥보다 甲子가 더 매력적인 인상을 줄 것이다.

② 실제 사주를 통한 심리 분석

시주	일주	월주	연주
	乙 정재	丙 상관	
	亥 정인	寅 겁재	

乙亥일주 여성이다. 연주는 木水이고 시주는 水火인 신강사주다. 인성과다여서 재성을 용신으로 쓰는 것이 좋지만 土가 없어서 火식상을 용신으로 삼는다. 사주에 金관성도 없다.

이 사주는 일간이 인성의 강한 生을 받고 있고 이 기운이 월간의 상관으로 바로 이어지고 있어서, 총명하고 상상력이 풍부한 사람이라고 할 수 있다. 또한 사주에 木비겁도 두 개가 있어, 타인에게 의존하지 않고 주체적으로 살아가려는 성향도 강하다.

이 사주의 두드러진 특징은 강한 水인성과 火식상이 서로 충돌하는 수화상쟁(水火相爭)이라는 것이다. 이는 삶에 역동적인 에너지를 불어넣기도 하지만, 때로는 예측하기 어려운 급격한 변화를 야기하기도 한다. 인성과 식상이 모두 강한 경우, 본인이 듣고 싶은 말만 듣고 하고 싶은 말만 하는 성향으로 나타나기도 한다. 이로 인해 간혹 엉뚱한 생각이나 망상에 빠져들 수도 있다.

　사주에 인성이 과다한데 무재성(無財星)이면, 현실을 객관적으로 판단하는 능력이 약할 수 있다. 또한 인다(印多)에 무관성(無官星)이면 사회성이 부족하여 단체 생활에 잘 융화되지 못할 수도 있다. 하지만 인성과 식상이 모두 강한 사주는 학업에 강점이 있어, 전문 분야에서 뛰어난 역량을 발휘할 수 있다.

3

丙일간

　丙의 물상은 태양 빛이다. 빛이 밝고 빠르며 거침없이 직진하는 성질을 지니듯, 丙火일간도 이와 같이 밝고 열정적인 면모를 보여 준다. 솔직담백하며 불의를 싫어하며 명예를 중요하게 여기는 특징이 있는 천간이다.

　丙火는 편관(偏官)의 성질을 가지고 있다. 편관은 외부의 위험으로부터 빠르게 벗어나려는 본능이고, 조직 내에서는 위험 자체를 만들지 않으려는 성향이다. 밝게 빛나는 태양이 늘 그림자를 만들듯, 丙火 역시 양면성을 지니고 있어 감정의 기복이 어느 정도는 있다. 丙火일주는 다음과 같은 특징을 보인다.

1. 丙火는 밝고 활력이 있으며, 환한 인상을 준다.
2. 丙火는 화려하고 주목받는 것을 좋아한다.
3. 丙火는 인정 욕구가 있고 앞에 나서기를 좋아한다.
4. 丙火는 실속 없이 허세를 부리는 면모도 있다.
5. 丙火는 감정과 열정이 빠르게 타올랐다가 식는다.
6. 丙火는 인내심이 약하여 조급하게 보이기도 한다.
7. 丙火는 예의와 격식을 중요하게 생각한다.
8. 丙火는 맡은 업무에 강한 책임감을 가진다.
9. 丙火는 자존심에 상처 입는 것을 못 참는다.
10. 丙火는 카리스마가 있지만 다혈질적인 기질도 있다.
11. 丙火는 적극적으로 일을 주도하고 추진한다.
12. 丙火는 독단적인 방식으로 일을 추진하기도 한다.
13. 丙火는 쾌활하고 시원시원하며 대범한 성격이다.
14. 丙火는 겉모습과 달리 내면에는 의외의 기질이 있다.

丙子

丙은 편관 성향이고, 子는 丙의 정관이다.
子의 지장간은 癸로 丙의 정관이다.
丙子일주는 丙火 편관이 기본적인 심리다.

① 기본 심리 분석

丙子는 가장 캄캄한 子時에 홀로 밝게 빛나는 금성(샛별)과 같아, 수려한 외모와 뛰어난 능력을 가진 사람이 많다. 그러나 丙子는 丙火일주 중에서 가장 丙火답지 않은, 독특한 이미지를 풍긴다.

일반적인 丙火일주는 강하고 활기찬 모습을 보이지만, 丙子는 겉은 밝지만 어딘가 모를 그늘진 느낌을 풍기곤 한다. 이는 丙火가 양중양(陽中陽)이고 子水는 음중음(陰中陰)이기 때문이다. 이처럼 극과 극의 기운을 동시에 가지고 있어, 丙子일주는 감정의 기복과 스트레스를 많이 받는 일주 중 하나이다.

丙子도 다른 丙火처럼 활기차고 적극적으로 행동하고 싶어 하지만 子水가 丙火의 적극적인 성격을 강하게 제어하고 있다. 그러나 월지나 시지에 土식상이 있다면, 子水가 헨을 받게 되어 丙火 본래의 모습이 잘 드러날 것이다.

丙火 편관은 마치 군복을 입은 군인의 이미지이고, 子水 정관은 깔끔한 정장을 차려입은 직장인의 느낌을 준다. 이처럼 편관과 정관으로 된 丙子는 깔끔하고 위엄 있게 보이려는 성향이어서, 공무원이나 공공기관 등과 같은 상하 질서가 분명한 곳을 선호한다. 또한 은행이나 대기업 등도 자신의 관(官)적 성향과 잘 부합할 수 있다. 丙子는 관성이 강한 일주여서 예의 없는 사람을 싫어하고 자존심이 훼손되는 것 또한 참지 못하는 성격이다.

② 실제 사주를 통한 심리 분석

시주	일주	월주	연주
	丙 편관	庚 편재	
	子 정관	戌 식신	

丙子일주 여성이다. 연주는 水金이고 시주는 木火인 신약사주다. 용신은 木이고 희신은 火이다.

사주팔자 여덟 글자 중에서 일간을 제외한 나머지 글자들 중 가장 중요한 것은 당연히 일지와 월지이다. 그 다음으로는 일간의 바로 옆에 있는 월간과 시간이다. 이 사주는 중요 다섯 개 자리에 오행이 겹치지 않고 골고루 배치된 오행구족(五行具足)인데, 이는 아주 특별한 것은 아니지만 그렇다고 흔하지도 않은 구성이다. 오행구족 사주는 대체로 어떤 일을 하건 평균 이상은 할 수 있고, 대인관계도 원만한 편이다. 물론 사주 구성에 따라 달라질 수는 있지만, 자기 주관이나 전문성 등은 약할 수 있고 시류에 쉽게 영향을 받을 수도 있다.

일반적으로 丙子일주는 丙火답지 않은 모습을 보인다고 하지만, 이 사주에 적용하기에는 다소 무리가 있다. 이는 시간의 木이 일간의 화기(火氣)를 강하게 생조하며, 월지의 土는 일지의 子水를 극(剋)하고 있어서 丙火 일간의 특성이 잘 드러나는 모습이다. 또한 월간에 강한 편재가 있어 생각의 폭이 넓고 행동 또한 대범하다. 한편, 월지가 식신이면 심성이 착하고 사회생활에서 먹을 복도 많다고 본다. 하지만 이 사주는 일지가 시지와 子午충을 이루고, 월지로부터 剋도 받고 있어서 감정 기복이 심하거나 생활에 변동이 잦을 수도 있다.

丙寅

丙은 편관 성향이고, 寅은 丙의 편인이다.
寅의 지장간은 丙, 甲으로 丙의 비견, 편인이다.
丙寅일주는 丙火 편관이 기본적인 심리다.

① 기본 심리 분석

丙寅은 초봄에 막 새싹을 틔운 초목이 따뜻한 햇볕을 받아 쑥쑥 자라나듯이, 활기와 생명력이 넘치는 모습을 지니고 있다. 또한 태양 아래 우뚝 선 호랑이처럼 힘과 자신감, 그리고 호탕한 성격을 가지고 있다.

밝고 강인한 丙火가 일지에 편인을 두어 다양한 장점을 가진다. 우선 활발한 성격 덕분에 대인관계가 좋고, 타인의 조력을 쉽게 얻어내는 능력도 있다. 특히 편인은 욕심이 많은 십신(十神)이어서, 자기 분야에서 최고가 되려고 한다. 만일 일간 근처에 비겁까지 있으면 경쟁심리가 강해져 탁월한 업무능력을 발휘할 수 있다. 그러나 丙寅일주가 인다(印多)로 되면 도움을 받는 것에 익숙해져 게으르거나 이기적인 모습을 보일 수도 있다. 이런 경우, 壬水 편관이 일간을 적절히 제어해 주어야 좋은 구조로 될 수 있다.

丙寅일주는 일반적으로 남자보다는 여자에게 더 길(吉)한데, 이는 陰陽의 조화를 통해 여성 특유의 섬세함과 남성적인 힘, 그리고 적극성을 겸비하기 때문이다. 만일 丙寅여자가 수려한 용모까지 갖춘다면, 동성으로부터 질투의 대상이 될 수도 있다. 반면 丙寅이 남자라면 陽과 陽이 만나 성질이 급하고 다혈질적인 성격으로 될 수도 있다. 대체로 丙寅은 호감 가는 외모와 성격, 그리고 적극적인 추진력 덕분에 영업과 같은 대외 업무에서 능력을 발휘할 수 있다.

② 실제 사주를 통한 심리 분석

시주	일주	월주	연주
	丙 편관	己 상관	
	寅 편인	丑 상관	

丙寅일주 여성이다. 연주는 木기둥이고 시주는 火金인 신강사주다. 용신은 土이고 희신은 金이다.

이 사주는 木인성이 과다하고 지지에서도 生을 받고 있다. 이처럼 강한 丙寅은 천간에 壬水가 있어 그 힘을 제어해 주는 것이 좋지만, 아쉽게도 이 사주에는 水가 없다. 그러나 다행히도 월지의 丑土가 습토(濕土)여서 일간의 강한 기운을 효과적으로 제어해 주고 있으며, 월주에 자리한 상관을 통해 일간의 힘이 자연스럽게 배출되는 구조이다. 이는 자신의 강한 에너지를 좋은 아이디어나 창의적인 표현으로 드러낸다는 의미이다. 한편, 월주에 강한 상관이 있어서 자기 주장이 아주 뚜렷하고, 조직의 기존 질서나 틀에 답답함을 많이 느낄 수 있다. 하지만 연주가 월주를 옆에서 훼을 하고 있어, 상관의 부정적인 성질이 적절히 조절되고 있다는 것은 다행스럽다.

시주에 비견과 재성이 있어 고집이 세고, 자신이 정한 목표를 달성하려는 의지가 잘 드러난다. 다만 아쉬운 점은 일지와 시지가 寅申충을 이루고 있다는 것이다. 寅과 申은 모두 역마의 기운을 가지고 있는데, 이 두 글자가 만나게 되어 매우 활동적이고 변화가 많은 삶을 살아갈 수 있음을 암시한다. 또한 편재와 편인의 충돌은 이상과 현실 사이의 갈등이라는 의미도 있다.

丙辰

丙은 편관 성향이고, 辰은 丙의 식신이다.
辰의 지장간은 乙, 癸, 戊로 丙의 정인, 정관, 식신이다.
丙辰일주는 丙火 편관이 기본적인 심리다.

① 기본 심리 분석

　丙辰은 따뜻한 봄 햇살을 받고 있는 비옥한 땅과 같은 느낌이다. 풍년을 기대하며 파종하는 농부의 마음처럼, 丙辰은 설렘과 희망으로 가득 차 있다.
　일지 辰土는 丙火의 식신이지만, 지장간이 관인상생(官印相生)으로 되어 정인의 힘도 강하게 작용한다. 이것은 먹고 살아가는 데 큰 어려움이 없을 뿐만 아니라, 주변 사람들의 도움도 많이 받는 좋은 구조이다. 만약 월지나 시지에 金재성도 있다면 식신생재(食神生財)의 흐름을 탈 수 있어, 자신의 노력과 활동으로 좋은 결과나 재물을 얻게 될 가능성이 높다.
　일지에 식신을 두면 머리가 좋다는 말을 많이 듣는데, 특히 일간이 丙火여서 재색(才色)을 겸비한 사람으로 비치기도 한다. 그러나 辰은 음력

3월의 날씨 변화가 심한 계절이고 지장간 또한 복잡하여, 丙辰일주의 마음은 때로 변덕스럽거나 불안정하게 보일 수도 있다. 이런 특성으로 丙辰은 잘 쓰고 잘 노는 사람처럼 보이다가도 절약하고 모범생다운 이중적인 모습도 있다.

丙辰일주가 신강(身强)하다면, 자신의 넘치는 에너지를 창의력과 표현력으로 마음껏 쏟아낼 것이다. 또한 강력한 리더십과 추진력으로 훌륭한 리더의 모습을 보인다. 만일 신약(身弱)하다면 신중하고 사려 깊은 모습을 보이고, 자신의 에너지를 다양하고 깊이 있는 아이디어로 나타낼 것이다.

② 실제 사주를 통한 심리 분석

시주	일주	월주	연주
	丙 편관	乙 정인	
	辰 식신	丑 상관	

丙辰일주 남성이다. 연주는 水金이고 시주는 火金인 신약사주다. 용신은 木이다. 이 사주는 연지부터 일간까지 재생관(財生官)과 관인상생(官印相生)의 아주 좋은 흐름을 보인다. 엄격하지만 좋은 부모님의 가르침 아래 열심히 공부하여, 좋은 대학과 좋은 직장까지 얻을 수 있었다. 관인상생은 이 사주처럼 신약사주이면서 천간에서 生의 흐름이 이어질 때 가장 이상적으로 작용한다. 물론 일지에 인성이 있고 월지에 관성이 있

는 것도 관인상생이다.

 관인상생을 설명하는 방법은 다양하지만, 여기서는 인간의 신체 구조에 빗대어 그 의미를 살펴보겠다. 십신(十神)을 신체 기관에 적용하면, 관성과 재성은 다리와 팔에 해당하고, 인성은 외부 정보를 받아들이는 눈, 귀, 코, 입과 같은 오감 기관에 비견된다. 식신은 복부의 장기에, 그리고 비겁은 지혜를 담당하는 머리와 뇌에 비유할 수 있다.

 인간이 조직 안에서 살아남기 위해서는 튼튼한 다리(官星)가 있어야 부지런히 움직이며 위기도 잘 극복할 수 있다. 또한 눈과 귀(印星)가 잘 발달해야 외부 정보를 정확하게 습득하고 올바르게 판단할 수 있다. 즉, 치열한 경쟁 사회에서 성공하기 위해서는 관성(官星)과 인성(印星)이 서로 긴밀하게 연결되어 협력하는 것이 가장 중요하며, 이것이 바로 관인상생의 핵심적인 의미이다.

丙午

丙은 편관 성향이고, 午는 丙의 겁재이다.
午의 지장간은 丁으로 丙의 겁재이다.
丙午일주는 丙火 편관이 기본적인 심리다.

① 기본 심리 분석

丙午는 삼국지의 적토마(赤兎馬)에 비유될 수 있다. '인중여포 마중적토(人中呂布 馬中赤兎)'라 하여, 말 중의 말이라 불릴 정도로 위용이 대단했다고 한다. 한편, 말은 하루에 두세 시간만 잠을 자고, 안전한 곳이 아니면 서서 자는 습성이 있다. 이는 포식자의 위협으로부터 빠르게 피하려는 본능에서 비롯된 것인데, 丙午일주도 이와 많이 닮았다. 강한 편관성으로 인해 빠르고 용맹하지만, 이면에는 두려움이 깔려 있어 때로는 갑자기 폭발하는 기질도 보인다.

특히 丙午는 壬子, 戊午와 더불어 대표적인 양인살(陽刃殺, 羊刃殺)에 해당하는 매우 센 일주이다. 양인살은 양간(陽干)이 자오묘유(子午卯酉)의 왕지를 보는 경우인데, 성정이 강하고 폭발성이 있다. 양인살은 카리스마가 있고 고난을 헤쳐 나갈 힘을 가지고 있지만, 때로는 자신의 강한 성격 때문에 부부의 인연에서는 어려움을 겪을 수도 있다.

丙午일주는 마치 말이 쉽게 고개를 숙이지 않는 것처럼, 매우 강한 자존심과 자신을 내세우려는 심리가 두드러진다. 丙午는 이러한 강한 기세를 가지고 있지만, 대체로 시원시원하고 뒤끝 없는 성격도 지니고 있다. 그래서 丙午는 자신의 강한 마음과 기질을 현명하게 다스린다면, 인생을 주도적이고 성공적으로 끌어 나갈 가능성이 매우 큰 일주이다.

② 실제 사주를 통한 심리 분석

시주	일주	월주	연주
	丙 편관	甲 편인	
	午 겁재	辰 식신	

丙午일주 여성이다. 연주는 火土이고 시주는 金木인 신강사주다. 용신은 土이고 희신은 金이다.

丙午일주가 천간과 지지에 甲木과 寅木이라는 장작더미를 두어, 신강(身强)을 넘어 태왕(太旺)한 사주로 되었다. 이처럼 압도적인 에너지를 가지고 있으면 이를 어떻게 분출시키느냐가 삶에서 가장 중요한 과제로 된다. 따라서 삶의 명확한 방향과 목표를 세워서 힘차게 정진해 나가지 않는다면, 자칫 엉뚱한 곳에 힘을 쏟아 버릴 수 있게 된다.

이처럼 강한 丙午에는 밋밋한 水관성이 있는 것보다 강력한 습토(濕土)

가 있어야 일간의 넘치는 힘을 효과적으로 배출할 수 있다. 힘이 약한 水는 오히려 木의 기운을 더 강화시킬 뿐이다. 다행히 이 사주는 월지에 辰土가 자리하고 있어 일간에 큰 힘이 되고 있다. 丙火일간이 辰月生이면 능력이 뛰어나고 인기가 많은 사람이라는 것은 辰土가 습토(濕土)이고 식신이기 때문이다.

그러나 강력한 水관성이 없다는 것은 많은 아쉬움으로 남는다. 만일 강한 水가 있었다면 조직에서 더 큰 성공을 거두었을 것이고, 부부 관계 또한 훨씬 더 원만했을 것이다. 강한 丙午가 무관성(無官星)이면 조직 내에서 겸손하기란 쉽지 않다. 이는 자칫 극단적인 평가로 이어질 수 있으므로 주의할 필요가 있다.

丙申

丙은 편관 성향이고, 申는 丙의 편재이다.
申의 지장간은 壬, 庚으로 丙의 편관, 편재이다.
丙申일주는 丙火 편관이 기본적인 심리다.

① 기본 심리 분석

丙申은 큰 바위를 비추고 있는 태양과 같은 느낌을 준다. 태양과 바위는 강한 힘을 가지고 있어, 타협하기보다는 자신의 의지대로 강하게 밀고 나가 목표를 이루려고 한다. 또한 독립적인 기질을 지녀 남에게 피해 주는 것을 싫어하고, 자신의 영역이 침범당하는 것도 싫어한다.

丙申은 간지가 모두 편(偏)으로, 편은 정(正)보다 더 본능적이며 직관적이다. 그래서 丙申은 판단이 빠르고 행동도 민첩하며, 과정보다는 결과를 더 중시하고 열정적으로 삶을 개척해 나가는 특징이 있다.

丙申일주는 丙火의 밝고 따뜻한 기운과 가을철 申金의 쓸쓸한 기운을 가지고 있어, 원만한 대인관계를 유지하면서도 고독을 즐기는 모습도 보인다. 또한 丙火의 직진 성질과 申金의 냉정한 기질이 만나서, 丙申은 돌려 말하기보다 솔직하고 직설적으로 표현한다.

　丙申은 편관과 편재의 강한 성질을 지녀서 리더의 자질이 충분하지만, 동시에 성격은 예민한 편이다. 만일 신약사주라면 행동하기 전에 한 번 더 생각하고 여유를 가지는 것이 필요하다. 丙申이 여자라면 배우자에게 의지하기보다는 중요한 결정을 스스로 내리려는 경향이 강하다. 이는 때로 배우자와의 마찰로 이어질 수 있으니, 상호 존중하고 배려하는 자세가 필요하다.

② 실제 사주를 통한 심리 분석

시주	일주	월주	연주
	丙 편관	丙 비견	
	申 편재	子 정관	

　丙申일주 여성이다. 연주는 木기둥이고 시주는 金木이다. 丙火가 수왕절(水旺節)인 子月에 태어나서 실령(失令)하였고, 子水는 申金의 生도 받고 있어 水기운이 더욱 강하게 된 사주이다. 그러나 木이 세 개나 있고 火비겁도 있어서 신강사주에 조금 더 가깝게 되었다. 용신은 土식상이 가장 적당하지만 사주원국에는 없다.

　이 사주는 두 가지의 강력한 충돌이 삶을 지배하고 있다. 첫째는 천간과 지지가 수화상쟁(水火相爭)을 이루고 있다. 이는 강한 자아나 자존심(丙火 비겁)이 사회적 규칙 및 책임감(子水 정관)과 서로 부딪히며 대립하는 모습을 보여준다. 겉으로는 밝고 활발한 모습을 보이지만, 속에는 예민하고 냉정한 기질이 있다는 것이다. 이러한 기질적 이중성은, 때로는 대외 활동에 적극적으로 임하면서도 타인의 시선이나 외부의 평가를 과도하게 의식하는 복합적인 심리 상태를 가지게 된다.

둘째는 일지와 시지가 寅申충을 이루고 있다는 것이다. 이것은 대표적인 역마성 충돌로써 삶의 역동성과 빈번한 환경 변화를 암시하거나, 이상(寅木 편인)과 현실(申金 편재) 사이의 갈등을 의미할 수 있다.

종합적으로 볼 때 이 사람은 외견상 밝고 총명한 인상을 주지만, 수화 상쟁과 寅申충의 영향으로 내면의 심리 구조가 매우 복잡하여 갈등 상황에 자주 노출될 가능성이 있다. 결론적으로, 이러한 구조는 안정성을 추구하기보다는, 역동적인 변화와 움직임 속에서 스스로 삶을 개척하며 성취를 일구어야 하는 특성을 지녔다고 해석할 수 있다.

丙戌

丙은 편관 성향이고, 戌은 丙의 식신이다.
戌의 지장간은 辛, 丁, 戊로 丙의 정재, 겁재, 식신이다.
丙戌일주는 丙火 편관이 기본적인 심리다.

① 기본 심리 분석

　丙戌은 가을 산 위에 떠 있는 태양과 같은 느낌을 준다. 겉으로는 따뜻하고 낭만적인 분위기를 자아내지만, 속에는 아쉬움과 고독 등을 품고 있다.
　丙戌과 丙辰은 모두 일지에 土식신을 두었지만, 둘의 성향은 다르다. 辰土는 봄에서 여름으로 넘어가는 시기의 습토(濕土)여서 생명력과 활기가 넘치는 반면, 戌土는 가을에서 겨울로 넘어가는 시기의 건토(乾土)여서 응축하려는 기질과 쓸쓸한 기운을 내포하고 있다.
　이러한 차이는 지장간에서도 드러난다. 丙辰은 지장간에 정인과 정관을 두어서 조직의 문제점을 개선하기 위해 노력하는 스타일이라면, 丙戌은 지장간에 정재와 겁재를 두어서 자신에게 특별한 이익이 되지 않는다면 현실을 받아들이는 스타일이다. 丙戌이 丙辰보다 더 냉정한 성격이다.

丙戌과 丙辰은 모두 성격이 밝고 사교성도 좋지만, 일지가 土여서 마음이 오락가락하거나 행동에 일관성이 부족할 수 있다. 또한 丙戌은 丙辰에 비해 성격이 다소 급하고 충동적이어서, 추진력은 강하지만 마무리는 약할 수 있다. 감정도 금방 뜨거워졌다가 금방 식어 버리는 등 변화가 많은 편이다. 만일 丙戌일주가 식상이 많으면 허세와 말실수가 있을 수 있으므로 언행에 신중을 기할 필요가 있다.

② 실제 사주를 통한 심리 분석

시주	일주	월주	연주
	丙 편관	戊 식신	
	戌 식신	辰 식신	

丙戌일주 남자이다. 연주는 木土이고 시주는 水土인 신약사주다. 식신과다여서 용신은 木이고 희신은 火이다.

이 사주는 식상이 다섯 개나 되는 식상태왕(食傷太旺) 사주로, 일간의 힘은 약한 반면, 빠져나가는 기운은 지나치게 많은 구조이다. 식상이 많다는 것은 머리가 매우 비상하고 기발한 아이디어가 많은 사람임을 의미한다. 그러나 그런 아이디어를 실현할 에너지가 부족하여, 늘 이상과 현실 사이의 괴리감을 느끼게 될 수 있다.

연간에는 甲木이 자리하여 일간에게 유일한 도움의 손길을 내밀고 있다. 연간은 부친궁을 의미하므로 훌륭한 부모님의 도움을, 인성은 공부를 의미하므로 초년기 학업에서 뛰어난 모습을 보였을 것으로 추정된다. 결국 이 사람은 용신인 인성을 어떻게 잘 활용하는지가 최대의 관건이다. 그것은 끝없는 공부와 더불어 자신에게 도움을 줄 선배나 멘토를 찾는 것이다.

　이 사주는 지지에 辰戌충이 두 개나 있다. 지지충은 심리적 변화나 환경의 변화 등을 의미하는데, 특히 이 사주의 辰戌충은 식신 간의 충돌이므로 아이디어가 서로 부딪히거나 사고의 일관성이 부족할 수 있음을 암시한다. 따라서 매사에 신중하게 생각하고 조심스럽게 행동하는 자세가 필요하다.

4

丁일간

　丙火가 태양 빛이라면 丁火는 빛에 의해 만들어진 열(熱)과 같다. 열은 빛보다는 느리지만 은근하고 꾸준하게 발산하는 성질을 가지고 있다. 丁火는 음간(陰干)이어서 양간(陽干)인 丙火에 비해 다소 소극적이고 정적인 면이 있지만, 감수성은 오히려 더 풍부하다. 감정의 기복은 丙火보다 덜하지만, 감정의 뒤끝과 질투심이 있는 편이다.

　丁火일간은 정관(正官)이어서 대체로 심성이 착하고 예의가 있다. 또한 조직의 질서를 충실히 따르려 노력하고, 혹 불만이 있어도 묵묵히 참고 견디는 편이다. 丁火의 특징은 다음과 같다.

1. 丁火는 앞으로 직진하기보다는 주변으로 넓게 확산한다.
2. 丁火는 서서히 나타나고 서서히 사라진다.
3. 丁火는 속마음이 복잡해서 뒤끝이 남는다.
4. 丁火는 촛불, 별빛, 등대와 같은 빛이다.
5. 丁火는 용광로 같은 꾸준하고 지속적인 뜨거움이 있다.
6. 丁火는 사려가 깊고 다소 내향적인 성격이다.
7. 丁火는 세밀하고 꼼꼼하며 치밀한 면모가 있다.
8. 丁火는 丙火와 달리 뒤에서 봉사하기를 좋아한다.
9. 丁火는 丙火와 달리 대인관계가 좁지만 깊다.
10. 丁火는 丙火와 달리 뒷말을 하는 경향이다.
11. 丁火는 丙火보다 논리적이고 분석적이다.
12. 丁火는 덕장(德將)이고 丙火는 맹장(猛將)이다.
13. 丁火가 밤을 밝힌다면 丙火는 낮을 밝힌다.
14. 丁火는 인성(木)인 학습과 지식의 도움이 필요 하다.

丁丑

丁은 정관 성향이고, 丑은 丁의 식신이다.
丑의 지장간은 癸, 辛, 己로 丁의 편관, 편재, 식신이다.
丁丑일주는 丁火 정관이 기본적인 심리다.

① 기본 심리 분석

丁丑은 추운 겨울밤, 아궁이에서 활활 타오르며 온기를 불어넣는 장작불과 같은 느낌이다. 비록 계절은 가장 추운 丑月이지만, 방안을 따스하게 채우는 장작불처럼 포근하고 따뜻한 기운을 가진 일주이다.

丁丑은 간지가 정관과 식신이어서, 차분하고 성실한 이미지를 풍기며 타인에게 조용히 도움을 주는 성향이다. 丑土는 비록 土이지만 水의 성질도 강해서 편관적 성질도 있다. 이런 복합적인 기질 덕분에 丁丑은 역경을 슬기롭게 극복하는 힘을 가진 일주이다.

丁丑은 음간음지(陰干陰支)이고 일지에 식신을 두어서 감정이 풍부한 편이다. 그러나 장작이 타고 나면 재를 남기듯이, 丁丑은 감정의 뒤끝이 있는 일주이다. 보이는 모습과는 달리 예민하고 스트레스에 취약할 수 있다. 특히 丁丑이 신약사주라면 지나간 일을 빨리 잊어버리고 현재에 집중하는 것이 마음 편하게 생활하는 방법이 될 수 있다.

丁丑일주는 지장간에 편관과 편재, 식신을 두어서, 예의 바른 태도와 뛰어난 능력뿐만 아니라 소유욕도 강하다. 특히 음간음지의 기질은 자기 능력을 과시하기보다는 묵묵히 자기 실력을 보여주어, 주위 사람들로부터 깊은 신뢰를 받는다. 또한 丁火의 기본 성질처럼 넓은 대인관계보다는 깊은 관계를 추구한다.

② 실제 사주를 통한 심리 분석

시주	일주	월주	연주
	丁 정관	庚 정재	
	丑 식신	申 편재	

丁丑일주 남성이다. 연주는 水金이고 시주는 土金인 신약사주인데, 사주원국뿐만 아니라 지장간에서도 火비겁과 木인성을 찾아볼 수 없다.

사주에 인성이 없다는 것은 주위의 도움에 기대기보다는 자신의 힘으로 세상을 헤쳐 나가야 한다는 것을 암시하며, 비겁이 없다는 것은 자신의 고집과 주장을 내세우지 않고 주변 사람들과 조화를 이루려는 성향이 강하다는 뜻이다. 더욱이 무비겁(無比劫)에 식다(食多)의 구조는 경쟁심보다는 남을 먼저 배려하고 베풀려는 마음이 더 크다는 것을 암시한다.

이 사주는 재성이 네 개, 식상이 두 개 있는 극신약사주다. 이것은 자신의 능력과 재능을 펼쳐서 좋은 결과를 맺고자 하는 욕구는 강하지만, 타고난 에너지가 약하여 힘에 많이 부칠 수 있음을 의미한다. 따라서 만일 자신이 가진 에너지보다 과도한 욕심을 부린다면 좋지 못한 결과로 이어질 수도 있다는 것을 명심해야 한다.

다행히 일지와 시간에는 土식상이 있고 월지와 시지에는 金재성이 있어서 식생재(食生財)의 좋은 구조를 보이고 있으며, 대운도 초년도부터 木인성운과 火비겁운으로 순조롭게 흘러가고 있어서 타고난 재능을 잘 활용하여 좋은 결과로 이끄는 사주로 되었다. 하지만 신약한 사주인만큼 쉽게 지칠 수 있으므로 꾸준한 운동을 통해 신체 에너지를 강화하는 것과 건강 관리에 신경 쓰는 것이 무엇보다 중요하다.

丁卯

丁은 정관 성향이고, 卯는 丁의 편인이다.
卯의 지장간은 乙로 丁의 편인이다.
丁卯일주는 丁火 정관이 기본적인 심리다.

① 기본 심리 분석

丁卯는 빨간 불꽃처럼 활짝 피어난 장미와 비슷한 느낌이다. 빨간 장미가 열렬한 사랑, 뜨거운 열정 그리고 질투를 의미하듯이, 丁卯일주도 이와 비슷한 기질이 있다.

丁火는 자신을 은근히 내세우려는 기질이 있고, 卯木은 왕지(旺支)로서 역동적이고 발랄한 기운을 가지고 있다. 그래서 丁卯는 멋을 아는 세련된 감각을 지녔고 이성에게도 인기가 많은 편이다. 겉으로는 잘 노는 사람처럼 보이기는 하지만, 丁火가 정관의 성질을 가지고 있어 실제로는 온순하고 예의 바른 사람이 많다. 또한 간지가 정관과 편인으로 되어, 섬세하고 예민한 기질도 있다.

卯木은 丁火의 편인이지만 본성은 정재여서, 일지 자체가 상반된 기질로 되어 있다. 이 때문에 丁卯는 활달하면서도 조용한 면이 있고, 앞으로 힘껏 달려 나가려고도 하고 주저하는 듯한 모습도 있다. 그리고 丁火는 감정의 뒤끝이 남는 천간이어서, 丁卯일주도 정신적인 갈등과 예민함을 가지고 있다. 화려한 장미도 시들고 나면 그 아름다움이 퇴색되듯이, 간지가 모두 양중음(陽中陰)인 丁卯일주도 밝고 화려한 모습 이면에는 복잡함과 허전함 등이 숨겨져 있다.

편인의 대표적인 성질은 의심과 회의(懷疑)여서 한 가지 문제를 집중적으로 파고드는 능력이 있다. 丁卯일주는 일반직보다는 전문직에 더 어울린다.

② 실제 사주를 통한 심리 분석

시주	일주	월주	연주
	丁 정관	己 식신	
	卯 편인	酉 편재	

丁卯일주 남성이다. 연주는 水기둥이고 시주는 金土인 신약사주다. 용신은 木이고 희신은 火이다.

이 사주의 큰 특징은 관성과 재성 그리고 식상의 힘이 골고루 강하다는 것이다. 관성이 강한 것은 조직 내에서 인정받고자 하는 욕구이고 재성이 강한 것은 재물욕과 성취욕으로 나타난다. 그리고 식상이 강한 것은 타고난 재능과 표현력이 뛰어나다는 것을 의미한다. 종합적으로 볼 때, 이 사주는 유능하고 균형 잡힌 '성취지향적 실무자'의 전형적인 모습을 보인다.

丁火일간은 자신의 에너지를 월주의 식신과 편재로 자연스럽게 흘려보내 식생재(食生財)의 좋은 구조를 이루고 있다. 이는 자신의 능력을 마음껏 발휘하여 좋은 결과나 재물 등을 만들려는 강한 욕구를 의미한다. 그러나 사주 자체가 신약이므로, 만일 철저한 계획 없이 과도한 욕심을 부린다면 성공보다는 실패할 가능성이 더 클 수 있다. 하지만 뛰어난 식신과 재성적 능력을 바탕으로 교육이나 금융 등과 같은 분야에 집중한다면 자신의 역량을 충분히 발휘할 수 있다.

신약사주에 재성과 관성이 강하면, 성공에 대한 갈증은 있지만 자신의 약한 에너지로 인해 심리적 갈등을 겪기 쉽다. 특히 이 사주는 일지와 월지가 卯酉충인데, 이것은 편재의 적극성과 편인의 주저함이 서로 충돌한 것이어서 심리적 고민과 갈등이 더욱 심화될 수 있음을 암시한다.

丁巳

丁은 정관 성향이고, 巳는 丁의 겁재이다.
巳의 지장간은 庚, 丙으로 丁의 정재, 겁재이다.
丁巳일주는 丁火 정관이 기본적인 심리다.

① 기본 심리 분석

丁巳와 丙午는 간지가 모두 火여서, 성격이 비슷해 보이지만 실제로는 많이 다르다. 丙午는 양간(陽干)이어서 적토마와 같이 두드러지는 기상과 시원시원한 성격이고, 丁巳는 음간(陰干)이어서 모닥불처럼 유순하고 따뜻한 성품이다.

丙午는 자기 생각을 거침없이 드러내는 강렬한 에너지를 보인다면, 丁巳는 자신을 은근히 표현하면서도 훨씬 더 치밀하고 이성적으로 상황을 판단하려고 한다. 그러나 모닥불이 타고 나면 재를 남기듯이, 丁巳일주 역시 감정의 뒤끝이 어느 정도는 남는다. 이는 丙午일주처럼 감정이 순간적으로 터지는 '욱하는' 기질은 아니지만, 가슴속에 감정을 쌓아 두었다가 임계점에 도달했을 때 한순간에 폭발시키는 모습으로 나타난다. 丁

巳가 밝고 착한 사람으로 보인다고 해서 함부로 대한다면 큰코다칠 수 있다.

巳火는 음력 4월, 양기(陽氣)가 충만해져 하늘로 뻗쳐오르는 시기이다. 식물들이 꽃을 만개시켜 수분(受粉) 활동을 하고 자연에 많은 변화가 일어나는 역동적인 기운을 담고 있다. 巳火의 이런 기운을 가진 丁巳일주는 화려하고 사람을 끌어당기는 매력이 있다. 그러나 감정에 기복이 있어 다소 까다로운 모습도 보인다. 丁巳는 간지가 정관과 겁재여서 제대로 된 관계를 원하고, 남에게 비치는 자신의 모습을 중요하게 여긴다. 이러한 성격은 배우자를 고르는 데 있어서도 중요한 기준으로 작용한다.

② 실제 사주를 통한 심리 분석

시주	일주	월주	연주
	丁 정관	壬 정관	
	巳 겁재	申 정재	

丁巳일주 여성이다. 연주는 土기둥이고 시주는 火土인 신약사주다. 식상과다여서 인성이 용신으로 적합하지만, 원국에 木이 없어서 火를 용신으로 쓴다.

이 사주에서 눈에 띠는 점은 일간과 월간이 丁壬합이라는 것이다. 이것은 丁火일간이 壬水 정관에 마음이 끌린다는 의미이다. 정관은 안정적인 직장이나 직장 상사를 뜻하기도 하고, 여자에게는 남자나 배우자를 상징하기도 한다. 또한 丁火일간 자체도 정관성이어서 丁巳는 정관적 기질이 아주 강한 일주이다. 흥미롭게도 이 사람은 공무원인 남자를 배우자로 선택하였다.

예전에는 丁壬합을 음란지합(淫亂之合)이라고 했지만, 현대에서는 매력과 능력을 겸비한 여성으로 해석하고 직장 생활에서 성공하고자 하는 의지가 강한 것으로 본다. 또한 이 사람은 비겁이 강하여 자기 주관이 뚜렷하고, 월지에 정재가 있어 업무도 꼼꼼하게 챙기는 스타일이다.

이 사주를 신약으로 판단하였지만, 실제로는 중화사주에 더 가깝다. 그것은 시주가 丁未이고 연지에도 未土가 있어 일간에게 힘을 보태주기 때문이다. 하지만 사주에 인성이 없어서 자기 힘으로 세상을 헤쳐 나가려는 경향이 강하고, 보이는 활발함과는 달리 내면에 고독과 외로움도 있는 사람이다. 배우자 또한 겉으로 보기에는 반듯해 보이지만, 일간에게 큰 도움이 되지는 못한다.

丁未

丁은 정관 성향이고, 未는 丁의 식신이다.
未의 지장간은 丁, 乙, 己로 丁의 비견, 편인, 식신이다.
丁未일주는 丁火 정관이 기본적인 심리다.

① 기본 심리 분석

丁未는 여름날 뜨겁게 달구어진 대지와 같은 느낌을 준다. 멀리서 보면 따뜻하고 여유로운 모습으로 보이지만, 막상 가까이 다가가면 그 안에 있는 뜨거운 열기가 바로 전해질 것이다. 이러한 丁未는 겉모습과는 달리 뜨거운 열정을 지니고 있어, 업무 능력이 좋고 잘 노는 사람이 많다. 또한 일지 未土가 식신이어서 예술적 감각도 다른 일지보다 뛰어난 편이다.

일지가 식신이면 보통 자신의 감정이나 생각을 단순명료하게 표현하는 경향이 있지만 丁未는 그렇지 못한 경우가 많다. 그것은 未土 자체도 열기를 잔뜩 머금고 있어 丁火일간이 지닌 열기를 배출시키는 데 한계가 있고, 지장간의 乙木도 己土의 식신적 역할을 방해하고 있기 때문이다.

未土는 음력 6월로 뜨거운 햇빛 아래서 곡식과 과일 등이 무르익어 가는 시기이다. 잘 익은 열매를 맺기 위해서는 오랜 시간 동안 내면에 많은 에너지를 응축하고 숙성하는 과정이 필요하다. 그래서 일지가 未土이면 결과를 맺기까지 꾸준한 노력이 필요하고, 시간도 다소 오래 걸릴 수 있다.

丁未와 丁丑은 모두 일지가 식신이어서 인상이 밝고 대인관계가 원만하다. 또한 음간음지(陰干陰支)여서 남들 앞에 적극적으로 나서지 않는 공통점도 있지만, 丁未는 건토(乾土)여서 습토(濕土)인 丁丑보다 성격이 조금 더 활발하다.

② 실제 사주를 통한 심리 분석

시주	일주	월주	연주
	丁 정관	丙 겁재	
	未 식신	辰 상관	

丁未일주 남성이다. 연주는 土金이고 시주는 水木인 신약사주다. 식상과다사주이고, 용신은 木이고 희신은 火이다.

이 사주의 큰 특징 중 하나는 일주와 월주가 모두 火土로 된 화토상관(火土傷官)이라는 것이다. 화토상관은 모든 상관격 중에서도 가장 총명하고 두뇌 회전이 빠른 유형으로 꼽힌다. 이는 뛰어난 업무 능력과 자신만의 독특한 의견과 주장을 가지고 있어, 비합리적인 규칙이나 무능한 상사에게 쓴소리도 마다하지 않는 성격을 의미한다.

이 사주는 자유로운 표현을 상징하는 식상의 힘은 매우 강한 반면, 이를 제어할 관성은 무력한 것이 특징이다. 식다(食多) 구조를 이룬 사주는 정해진 틀에 얽매이기를 거부하지만, 통제되지 않은 에너지는 성급함과 다혈질적인 성향으로 이어지기 쉽다. 나아가 유흥에 빠질 수 있는 위험도 안고 있으므로, 언행에 신중을 기하는 것이 필요하다. 이러한 성향은 청년기(월주)와 중년기(일주)의 구조가 동일하여 인생 전반에 걸쳐 일관되게 나타날 것이다.

이 사주는 식상생재(食傷生財)의 구조이지만, 식상의 에너지가 너무 강해 제어하기 어려운 것이 평생의 숙제이다. 비범한 재능을 가졌지만, 방향과 목표를 어떻게 설정하느냐에 따라 성패가 극단적으로 달라지는 구조이다.

丁酉

丁은 정관 성향이고, 酉는 丁의 편재이다.
酉의 지장간은 辛으로 丁의 편재이다.
丁酉일주는 丁火 정관이 기본적인 심리다.

① 기본 심리 분석

丁酉는 찬바람 부는 가을밤, 어둠을 밝히는 호롱불과 같은 느낌을 준다. 어두운 밤길을 비춰 주는 호롱불이 귀한 존재이듯이, 丁酉도 역시 귀한 일주로 여겨진다. 丁酉는 丁火의 따뜻함과 酉金의 차가움이 공존한다. 겉모습은 부드럽고 온화해 보이지만, 속에는 주관과 원칙을 가지고 있다. 따뜻한 심성과 사리분별이 분명한, 마치 품격 있는 양갓집 규수의 인상을 준다.

호롱불이 바람에 쉽게 꺼지는 것처럼, 모든 귀한 것들은 섬세한 아름다움을 가지고 있어서 함부로 다루어서는 안 된다. 丁酉도 이와 같아서, 보이는 모습과는 달리 쉽게 상처받는 예민한 성격이다. 酉金은 숙살지기(肅殺之氣)의 차갑고 날카로운 성질이고, 본성도 겁재여서 자기 이익에 밝고 자존심도 강하다.

丁酉와 丙申은 오행이 동일하지만, 사뭇 다른 모습을 보인다. 丁酉는 음의 부드러움과 섬세함을 지녔으며 세련된 감각과 예리한 통찰력이 특징이다. 丙申은 양의 강렬함과 대범함을 드러내며 강한 리더십과 추진력을 상징한다. 두 일주 모두 재물에 대한 욕심이 적지 않지만, 丙申이 조금 더 강하다.

만일 丁火가 癸水 편관과 충(沖)이 되면, 丁酉일주는 성격이 더 날카로워질 수 있다. 특히 편관은 여자에게는 남자나 직장을, 남자에게는 직장을 의미하므로 丁癸충이 되면 이성 관계나 직장 생활에서 스트레스를 많이 받을 수 있다.

② 실제 사주를 통한 심리 분석

시주	일주	월주	연주
	丁 정관	癸 편관	
	酉 편재	卯 편인	

丁酉일주 남성이다. 연주는 火土이고 시주는 土金인 신약사주다. 용신은 木이고 희신은 火이다.

이 사주에서 가장 눈에 띄는 것은 천간에는 丁癸충이, 지지에는 卯酉충이 동시에 나타난다는 것이다. 丁酉일주 자체로도 섬세하고 민감한 성격인데, 천간과 지지에서 충이 동시에 발생하여 스트레스에 더욱 취약한 구조로 되었다.

　겉모습은 부드럽게 비칠 수 있으나, 내면에는 丁癸충의 영향으로 늘 긴장감이 흐르고 있다. 또한 지지의 卯酉충은 편인과 편재의 충돌이어서, 이상과 현실 사이에서 겪는 갈등이나 금전 관련 문서에서 문제가 발생할 수 있음을 암시하기도 한다. 더불어 배우자와의 불화나 잦은 이동수로 해석될 수도 있다.

　월지에 용신이 있다는 것은 사회생활에서 언제나 도움을 주는 든든한 후원자가 있다는 것을 의미한다. 그러나 월지가 충을 맞고 있어서 동료와의 불화나 조직 내에서 갈등과 고립 등을 겪을 수 있다. 특히 월지가 일지와 충을 이루고 있어서, 외부 환경으로 인한 문제보다는 자기 스스로 갈등을 초래할 가능성이 더 클 수 있음을 암시한다. 하지만 다행인 것은 시주가 식생재(食生財)로 되어서 퇴직 무렵이 되면 이전보다 편안하고 자신감 있게 생활할 수 있고, 만일 운으로 己土가 오면 월간의 癸水를 제압해서 심적으로도 많이 편안해질 수 있다.

丁亥

丁은 정관 성향이고, 亥는 丁의 정관이다.
亥의 지장간은 甲, 壬으로 丁의 정인, 정관이다.
丁亥일주는 丁火 정관이 기본적인 심리다.

① 기본 심리 분석

　丁亥는 어두운 밤, 호수 위에 떠 있는 연등(燃燈)과 같은 이미지여서, 고고(孤高)하면서도 매혹적이다. 연등은 깨달음과 밝음, 미래의 희망 등을 상징하지만, 이면에는 현생의 번뇌와 무명(無明)의 괴로움 또한 담고 있다.
　亥水는 지장간에 甲木이 있어 밝고 긍정적이며 목표를 향한 강한 집념을 가지고 있다. 더불어 亥水는 지장간에 壬水를 두어서 먹는 것과 性, 출산 등과 깊은 관계가 있다. 亥를 십이지신(十二支神) 중 돼지에 배속시킨 것은 돼지가 지닌 왕성한 욕구, 많은 식탐 그리고 다산(多産)의 특성 때문이다. 그렇다면 이런 丁亥일주는 '깨달음을 얻은 돼지'가 될 수 있을까? 현실 속의 돼지가 본능적인 욕심을 내려놓기 어려운 것처럼, 丁亥일주도 거의 불가능하다.

丁亥는 간지가 모두 陰이어서 자기 속마음을 타인에게 잘 숨긴다. 하지만 火와 水의 상반된 성질을 하나로 합치는 것은 매우 어렵기 때문에, 丁亥일주는 감정적 혼란을 겪기 쉽고, 때로는 자신의 감정이 어떤 것인지를 잘 모를 수도 있다. 또한 亥水는 丁火의 정관이고 지장간에 있는 壬水의 본성은 식신이어서, 亥水는 정관의 모습을 지닌 식신이다. 겉으로는 예의 바르게 행동하지만, 속마음으로는 구속받기 싫어하며 자유롭게 살고 싶은 마음이 강하다. 특히 丁亥여자는 자유로운 연애를 즐기지만, 배우자는 반듯한 사람을 고르려 한다.

② 실제 사주를 통한 심리 분석

시주	일주	월주	연주
	丁 정관	癸 편관	
	亥 정관	未 식신	

丁亥일주 여성이다. 연주는 金기둥이고 시주는 木土인 신약사주다. 용신은 木이고 희신은 火이다.

이 사주는 신약사주이면서, 일지와 월간에 정관과 편관이 섞여 있는 관살혼잡(官煞混雜)의 형태를 띠고 있다. 이는 과도한 책임감을 느끼거나 스트레스에 취약할 수 있음을 암시한다. 특히 여자에게 관성은 남자를 의미하므로, 관살혼잡은 복잡한 이성 관계나 힘든 연애를 경험할 가능성도 있다.

또한, 이 사주의 주목할 만한 점은 상관견관(傷官見官)의 구조이다. 월지의 식신과 시지의 상관이 일지의 정관을 극(剋)하고 있는 형국이다. 이 두 기운이 충돌하면서, 마음속으로는 안정적인 삶(정관)을 원하지만 현실에서는 기존 질서에 순응하지 못하고 비판적인 태도(상관)를 보이는 모순적인 모습으로 비칠 수 있다. 이것은 직장 상사나 조직과의 마찰로 이어져 한 직장에 오래 머무르기 어렵게 만드는 원인으로 작용한다. 더불어, 정관은 배우자를 상징하기도 하므로, 이러한 갈등 구조는 배우자와의 잦은 다툼이나 관계의 불안정성을 암시하기도 한다. 그러나 다행스럽게도 인생의 후반부를 의미하는 시간에 용신인 甲木이 자리 잡고 있어서, 시간이 흐를수록 점차 삶의 중심을 잡고 자신의 의지대로 삶을 살아갈 수 있을 것으로 보인다.

5

戊일간

　戊는 지구의 중력을 의미한다. 중력은 비록 눈에 보이지는 않지만, 모든 물질 사이에 작용하는 인력(引力)이다. 우리가 살고 있는 이 땅은 지구 중력이 우주에 떠다니는 물질들을 잡아당겨서 만든 것이다.

　戊를 명리학에서는 戊土라고 하며, 넓은 땅이나 큰 산을 상징하는데, 이는 천간 중에서도 가장 강력한 힘으로 여겨진다. 戊土는 겉으로는 투박해 보일 수 있어도, 본질적으로는 매우 듬직하고 안정적인 기운을 품고 있어, 인의지예신(仁義禮智信)의 오상(五常) 중에서도 '신(信)'에 해당한다. 또한, 중력의 잡아당기는 성질은 편인(偏印)과 유사하고, 戊土는 다음과 같은 주요 특징을 가지고 있다.

1. 戊土는 타인을 중력처럼 공평하게 대하려고 한다.
2. 戊土는 무던해 보여도, 상대방을 쉽게 믿지는 않는다.
3. 戊土는 타인에게 깊이 개입하기보다 일정한 거리를 둔다.
4. 戊土는 감정적으로 치우치지 않고, 냉정하고 중립적이다.
5. 戊土는 깊이 사색하며 사물의 본질적인 의미를 탐구한다.
6. 戊土는 자신만의 시간을 보내는 것을 중요하게 여긴다.
7. 戊土는 한번 결심한 일에 대해서는 강한 고집을 보인다.
8. 戊土는 지식을 체계적으로 기억하려고 한다.
9. 戊土는 다소 비현실적이고 추상적인 사고를 하기도 한다.
10. 戊土는 종교, 철학 등 형이상학적 분야에 관심이 많다.
11. 戊土는 자신에게 필요한 것만을 선별하여 받아들인다.
12. 戊土는 한 가지 주제에 깊이 빠져드는 성향이다.
13. 戊土는 남다른 직감과 촉을 통해 사물의 본질을 본다.
14. 戊土는 신용과 믿음을 중시하며, 산과 같은 끈기를 지닌다.
15. 戊土는 상반된 의견이나 집단 사이에서 중재자의 역할을 한다.

戊子

戊는 편인 성향이고, 子는 戊의 정재이다.
子의 지장간은 癸로 戊의 정재이다.
戊子일주는 戊土 편인이 기본적인 심리다.

① 기본 심리 분석

戊子는 거칠고 웅장한 산에서 흘러내리는 맑은 물과 같은 느낌이다. 마치 설악산 울산바위를 배경으로 영랑호가 드넓게 펼쳐진 한 폭의 산수화를 보는 듯하다. 예로부터 배산임수(背山臨水)의 땅은 풍요로운 먹거리와 넉넉한 물을 제공하여 인간이 살아가는 데 최적의 환경으로 여겨졌다. 戊子는 빗물을 산 아래에 저장해 두지만, 설령 그 물이 흘러넘치더라도 앞 호수에 가두어 담아내는 여유가 있는 일주이다.

戊土는 큰 산이나 모든 것을 끌어당기는 중력과 같고, 子時는 하루 중 가장 캄캄하고 홀로 있는 시간이다. 그래서 戊子일주는 속내를 잘 드러내지 않으며, 맡은 업무를 자기 생각대로 처리하려는 고집이 있다. 또한 일지에 정재를 두어 안정적이고 현실적인 성향이 강한 실속파라고 할 수 있다.

만약 戊子일주가 남자라면 가정을 안정적으로 이끌어 가려는 책임감이 강해서, 생활력이 강한 배우자를 선택하려고 한다. 戊子 여자도 戊子 남자와 비슷한 성격이지만, 때로는 남자를 대신해 가장의 역할을 할 수도 있다. 다만 안정성을 가장 중요하게 생각하기 때문에 결혼이 늦어질 수도 있다.

戊子일주인데 원국에 인성이 많다면, 생각이 너무 깊어져 신속한 판단을 내리지 못하거나, 새로운 환경에 도전하려는 의지가 부족해질 수도 있다. 그래서 戊子 인다(印多)인 사람은 주변 사람들과 더 적극적으로 소통하려는 자세가 필요하다.

② 실제 사주를 통한 심리 분석

시주	일주	월주	연주
	戊 편인	壬 편재	
	子 정재	戌 비견	

戊子일주 남성이다. 연주는 水土이고 시주는 土火인 신강사주다. 용신은 木이 최적이지만 원국에 없어서 水를 용신으로 삼는다. 그리고 사주 원국에 金은 없지만 운(運)에서 金식상을 본다면 희신급의 역할을 하게 된다.

연간과 월간에는 水재성이 있고, 연지와 월지에는 土비겁이 있어서 재성과 비겁이 서로 힘을 겨루고 있는 형국이다. 戊子일주 자체도 돈을 모으는 힘이 강한데, 신강사주이면서 재성과 비겁의 위치가 단정하여 재물운이 매우 좋은 편이다. 이 사주는 직장인보다는 사업가에 적합한 구조로 볼 수 있다.

이 사주는 비견과다로 인해 자기 주관이 아주 강하며, 특히 무식상(無食傷)의 재다(財多)라는 특징 때문에 자신의 생각을 망설임 없이 즉시 실행하는 성격을 보인다. 더욱이 戊土 본연의 과묵함과 함께 무식상, 무관(無官)의 특성까지 더해져, 주위 사람들과 깊이 상의하는 스타일도 아니다. 이런 성격은 비교적 단순하고 안정된 사업 환경에서는 장점으로 작용할 수 있으나, 사업 환경이 복잡하고 변화무쌍할 때는 단점이 될 수 있다.

사주에 木관성과 金식상이 없는 것은 아쉽지만, 운으로 오면 더 큰 성취와 안정을 얻을 수 있다. 따라서 좋은 운이 오기 전까지는 더욱 신중하고 조심스럽게 행동하는 것이 필요하다.

戊寅

戊는 편인 성향이고, 寅은 戊의 편관이다.
寅의 지장간은 丙, 甲으로 戊의 편인, 편관이다.
戊寅일주는 戊土 편인이 기본적인 심리다.

① 기본 심리 분석

　戊寅은 큰 산에 굳건히 뿌리 내리고 있는 나무를 연상케 한다. 아직 비가 내리지 않은 초봄의 거친 땅에서 잎을 틔우고 하늘 높이 솟아오르려는 강인한 기상을 가진 일주이다. 또한 寅은 십이지신(十二支神) 중 호랑이를 상징하므로, '큰 산에 사는 호랑이'와 같은 막강한 힘과 카리스마가 느껴진다.

　일반적으로 일지에 寅木이 있으면, 봄의 역동적이고 활기찬 기운과 높이 성장하려는 추진력을 겸비하게 된다. 특히 일지 편관의 특성인 빠른 위험 감지 능력과 탁월한 돌파력은 무리 속에서 카리스마 넘치는 리더로서의 자질로 나타난다. 또한, 명예와 정의를 중요하게 생각하기 때문에 타인에게 약하게 보이는 것을 싫어하고, 늘 책임감 있게 행동하려고 한다.

하지만 편관은 때로는 의외의 행동을 보이기도 하는 십신이다. 평소에는 위계질서를 존중하고 예의 바른 모습을 보이지만, 위기 상황이나 큰 스트레스를 받게 되면 갑자기 감정이 폭발해 버리기도 한다. 따라서 戊寅일주는 자신의 강한 기운을 적절히 통제하고 부드럽게 표현하려고 노력하는 것이 특히 중요하다. 반대로, 이러한 강한 에너지는 제조업이나 건설업처럼 추진력과 통제가 요구되는 분야에서는 뛰어난 역량을 발휘할 수 있다.

② 실제 사주를 통한 심리 분석

시주	일주	월주	연주
	戊 편인	丁 정인	
	寅 편관	未 겁재	

戊寅일주 남성이다. 연주는 火土이고 시주는 水기둥인 신강사주다. 이 사주의 일지와 시지는 寅亥합이 되어 강한 목국(木局)을 형성하여, 월지를 강하게 압박하고 있다. 동시에 시지는 水기둥이어서 재성의 힘 또한 아주 강하다. 이런 경우를 신왕재관왕(身旺財官旺)이라고 한다.

만일 이런 '왕관(王冠)의 무게'를 이겨낼 수 있다면 명예와 재물을 모두 가질 수 있겠지만, 그렇지 못할 경우 현실과 이상 사이의 괴리로 인한 갈등을 겪을 수도 있다. 이런 상황을 해소할 방법은 두 가지가 있다. 하나는 공부와 운동을 통해 자신의 힘을 더욱 강하게 만드는 것이고, 둘째는 이 강한 에너지를 자연스럽고 생산적인 방향으로 배출하는 것이다.

사주에서 식상은 일간의 기운을 자연스럽게 배출시켜 재성으로 연결하는 중요한 역할을 하지만, 아쉽게도 이 사주에는 金식상이 없다. 만일 대운이나 세운으로 金운이 온다면 막힌 기운을 뚫어 주어 심신의 안정과 여유를 찾는 데 도움을 줄 수 있다.

한편 희신인 土는 비겁이므로, 형제나 친구, 동료들과 본능적으로 더 가깝게 지내려고 하며 그들의 도움도 많이 받을 가능성이 크다. 이 사주의 전반부는 뜨겁고 조열한 구조를 보이지만, 시주로 갈수록 한랭하고 습한 기운으로 변하는 특징을 보인다. 이것은 젊은 시절의 치열함과는 달리 노년기에는 한층 여유롭고 풍요로운 삶을 누릴 수 있음을 암시하는 것이다.

戊辰

戊는 편인 성향이고, 辰은 戊의 비견이다.
辰의 지장간은 乙, 癸, 戊로 戊의 정관, 정재, 비견이다.
戊辰일주는 戊土 편인이 기본적인 심리다.

① 기본 심리 분석

戊辰은 마치 큰 산 앞에 펼쳐진 비옥한 논밭과 같은 형상이다. 봄에 비가 내리면 큰 산은 땅속에 비를 가만히 가두었다가 필요할 때 논밭으로 물을 공급하듯이, 戊辰도 조용히 현실을 살피면서 꾸준히 자기 실속을 챙기려고 한다.

戊辰은 큰 산과 같이 말수가 적고 답답해 보일 수 있지만, 사주원국에 水재성이 있으면 지리산과 같은 생명력과 민첩한 행동력을 보여줄 것이다. 본래 건토(乾土)인 戊土는 사주에 水가 있어야 편해질 수 있다.

戊土는 편인성이어서 남을 쉽게 믿지 않고 대인관계에 신중함을 보인다. 그러나 辰土가 지장간에 정관과 비견을 두어서, 戊辰일주는 한 번 믿음을 주게 되면 관계를 오래 유지하려고 한다.

戊辰일주 남자는 큰 산처럼 스케일이 크고 도량이 넓다. 신용과 의리를 매우 중요하게 여기고 책임감도 뛰어나다. 한편 일지는 배우자궁인데, 지장간에 정재와 정관을 두어서 반듯하고 자신을 존중하며 따르는 배우자를 맞이하려고 할 것이다. 戊辰일주 여자 또한 남자와 마찬가지로 스케일이 크고 남성적인 매력을 지닌 경우가 많다. 그리고 지장간의 정재와 정관의 영향으로 사회적으로 성공하고자 하는 욕망이 강하며, 남들이 보기에 반듯하고 능력 있는 남자를 배우자로 선택하려는 경향이 있다.

② 실제 사주를 통한 심리 분석

시주	일주	월주	연주
	戊 편인	戊 비견	
	辰 비견	寅 편관	

戊辰일주 여성이다. 연주는 木水이고 시주는 火土인 신강사주다. 비견과다로 용신은 木이고 희신은 水이다. 火는 기신(忌神)이고 土는 구신(仇神)이다.

이 사주는 인생의 전반부와 후반부에서 성격적 흐름에 다소 차이를 보인다. 40세 이전에 해당하는 연주와 월주에는 木관성과 水재성이 있어서 활기찬 기운을 띠지만, 40세 이후의 일주와 시주에는 土비겁과 火인성이 몰려 있어 자기 생각에 갇힌 답답한 흐름을 보인다. 이러한 사주 구조에서는 대운의 흐름이 중요한데, 다행히도 천간은 金水木운으로 흘러가고 지지는 木火金운으로 이어져, 중년 이후에도 비교적 편안하고 안정된 모습을 보일 것이다.

특히 용신과 희신이 연주와 월주에 있어서 어려서부터 청년기까지는 좋은 학업 성과를 보였고, 좋은 직장까지 얻게 되었다. 또한, 신강사주에 용신이 천간과 지지에 모두 있어, 어떤 어려움이 닥치더라도 슬기롭게 잘 대처할 것으로 보인다. 다만, 사주원국에 金식상이 없어서 애교 있는 여자와는 다소 거리가 있다.

戊辰은 원래 실속을 잘 챙기는데, 연지에 水가 있고 시지에도 습토인 辰土가 있어서 재물 복이 많은 사람으로 볼 수 있다. 한편 연지는 모친궁이면서 동시에 연간과 월지에 있는 木용신을 생하는 역할을 하고 있다. 모친은 뒤에서 묵묵히 딸에게 힘을 보태고 있지만, 정작 본인은 이것이 당연한 것이라고 생각한다.

戊午

戊는 편인 성향이고, 午는 戊의 정인이다.
午의 지장간은 丁으로 戊의 정인이다.
戊午일주는 戊土 편인이 기본적인 심리다.

① 기본 심리 분석

戊午는 넓은 대지를 거침없이 질주하는 야생마와 같은 느낌이다. 야생마는 넘치는 에너지를 가지고 있어 인간에게 길들여지기를 거부한다. 그래서 야생마 앞에는 두 가지의 길이 놓여 있다. 하나는 평생을 야생마로 살아가는 것이고, 다른 하나는 인간의 조련을 통해 명마(名馬)로 거듭나는 것이다.

戊午는 양간(陽干)의 왕지(旺支)에 해당하는 양인살(陽刃殺, 羊刃殺)을 지녀, 강한 힘과 폭발력, 그리고 자기 주관이 강한 일주이다. 반면 복잡한 것을 싫어하고 단순명료하게 판단하며, 솔직한 감정 표현과 뒤끝이 없는 성격이다.

戊午 남자는 양(陽)과 양(陽)이 만나 삼국지의 관우와 같은 위풍당당한

이미지를 보이고, 戊午 여자는 남자처럼 털털하고 시원시원한 성격을 지닌 경우가 많다. 예전에는 양인살을 칼과 같은 날카로움, 폭력성, 강한 권력욕 등으로 해석했지만 현대에서는 카리스마와 프로 정신 등으로 긍정적으로 해석하기도 한다. 그리고 戊午는 일지에 정인을 깔고 있어, 자신의 거친 성격만 잘 조율한다면 능력을 인정받을 수 있다.

다만, 戊午의 비타협적이고 강한 성격으로 인해 부부의 연은 다소 약할 수 있다고도 한다. 만일 戊午일주가 인다(印多)나 비다(比多)의 구조로 되면 자존심이 지나치게 강해지고 자신의 잘못을 쉽게 인정하지 않으려 할 것이다.

② 실제 사주를 통한 심리 분석

시주	일주	월주	연주
	戊 편인	戊 비견	
	午 정인	午 정인	

戊午일주 여성이다. 연주와 월주 그리고 일주가 모두 戊午로 동일하고, 시주는 木기둥인 신강사주다. 용신은 木이고 희신은 水이지만, 水는 원국에 없다.

이 사주는 매우 독특하고 극단적인 형태를 보인다. 연주부터 일주까지는 모두 戊午의 불타는 대지인데, 시주에는 전혀 다른 기운인 木편관이 자리 잡고 있다. 사주 내에 金식상과 水재성은 없어, 戊土일간은 오로지 木편관을 목표로 삼기 위해 태어난 사람인 듯하다. 편관은 조합장이나 이사 등과 같은 큰 권력을 의미하는 만큼, 시주에 용신인 편관이 몰려있다는 것을 고려하면 말년에 선출직에 도전해 볼만하다.

일반적으로 관성은 동료 간의 예의나 위계질서를 의미하는데, 이 사주의 木관성은 기신인 火인성을 더욱 강하게 만드는 작용을 하고 있다. 이는 관성이 긍정적 의미로 작용하기보다는, 자신의 성장을 위한 도구로만 사용되는 느낌을 준다. 만일 이 사람이 편관을 작은 이익을 위한 수단으로만 사용한다면, 편관이 지닌 본래의 큰 꿈과는 거리가 멀어질 수 있다. 그래서 이 사람에는 두 가지의 길이 놓여 있다. 하나는 자기 사주의 극단적인 형태를 받아들여 큰 꿈을 좇는 것이고, 다른 하나는 사주에 없는 水재성을 찾아 평범하고 안정적인 삶을 사는 것이다. 그러나 중요한 것은 이 두 가지 길 모두 나쁘지는 않다는 것이다.

戊申

戊는 편인 성향이고, 申은 戊의 식신이다.
申의 지장간은 壬, 庚으로 戊의 편재, 식신이다.
戊申일주는 戊土 편인이 기본적인 심리다.

① 기본 심리 분석

戊申은 큰 돌산(石山)처럼 굳건하거나, 또는 잘 익은 곡식이 펼쳐져 있는 넓은 평야의 풍요로운 이미지를 연상시킨다. 단단함과 여유로움, 풍요로움이 공존하는 인상을 주며, 이목구비가 단정하고 아름다운 용모를 가진 경우가 많다.

특히 일지가 식신인 경우는 여러 장점을 지니게 된다. 첫째, 표현력과 창의력이 뛰어나며, 둘째로는 먹을 복이 있고, 마지막으로 여유롭고 베풀기를 좋아하는 성향이다. 만일 일지 옆에 재성이 있으면 식생재(食生財)의 흐름을 타서 재물 운도 좋아질 수 있다.

戊申 남자는 戊土의 무미건조한 스타일로 보일 수 있으나, 일지 식신의 영향으로 속마음은 섬세하고 자상한 편이다. 식신은 재성을 生하기

때문에 戊申 남자는 자신의 재성인 배우자를 잘 보살피는 성격이고, 戊申 여자에게 식신은 출산과 양육의 강한 본능으로 작용하여, 자식에게 최선을 다하는 맹모(孟母)의 모습을 보여준다. 또한 자신의 능력과 힘으로 가정을 일으키려는 의지도 강해, 결혼 후에도 직장 생활을 계속 유지하려는 성향이다. 다만 식신은 배우자를 의미하는 관성을 剋하기 때문에 남편에게 잔소리가 심하거나, 자신이 사회적으로 더 성공하기를 바라는 마음이 클 수도 있다. 戊申은 배우자의 부정에는 단 한 치의 망설임도 없이 단호하게 대처한다.

② 실제 사주를 통한 심리 분석

시주	일주	월주	연주
	戊 편인	癸 정재	
	申 식신	丑 겁재	

戊申일주 남성이다. 연주는 水土이고 시주는 水기둥인 재다신약(財多身弱)이다. 용신은 火가 가장 좋지만, 사주에는 없어 土를 가용신(假用神)으로 삼는다.

이 사주에서 가장 먼저 눈에 띄는 것은, 일간이 월간과 시간 모두에서 戊癸합을 이루고 있다는 점이다. 戊癸합은 戊土일간의 마음이 정재에 온통 쏠려 있음을 의미하며, 이로 인해 통제와 지배, 혹은 재물 등에 관심이 매우 커진다. 예로부터 戊癸합은 겉은 다정해 보일지라도, 속에는 상대방에 대한 깊은 정이 없는 사람이라고 했다. 그래서 戊癸합을 무정지합(無情之合)이라고도 한다.

　戊土가 丑月生이면 성실한 성격이고, 戊土의 편인성과 丑土의 반복적 기질이 합쳐져 전문가적 기질도 있다. 그러나 사주가 무인성(無印星)과 무관성(無官星)이어서, 조직 내에서 자신을 이해해 주고 도와주는 사람은 없을 가능성이 크다.

　이 사주를 연주부터 일주까지만 보면, 천간에는 水재성이 강하고 지지에는 土비겁이 강하다. 이는 재물과 성공에 대한 갈망과 더불어 경쟁심도 강한 사람임을 의미한다. 사주를 전체적으로 보았을 때도 재성과다(財星過多)여서 재물에 대한 관심이 크고, 재물과 관련된 기회도 많이 생길 것이다. 하지만 丑月의 꽁꽁언 땅에 화기(火氣)도 전혀 없는 신약한 상태여서 큰 재물을 감당하기에는 힘이 많이 약하다. 다행히도 50 대운(大運)까지는 좋은 흐름을 보이고 있어 어느 정도는 기대할 수 있다.

> # 戊戌
>
> ────────────────────
>
> 戊는 편인 성향이고, 戌은 戊의 비견이다.
> 戌의 지장간은 辛, 丁, 戊로 戊의 상관, 정인, 비견이다.
> 戊戌일주는 戊土 편인이 기본적인 심리다.

① 기본 심리 분석

戊戌은 늦가을, 큰 산 앞에 펼쳐진 드넓은 평야를 연상시킨다. 추수가 끝나 곡식은 찾아볼 수 없고 차가운 바람만이 부는 쓸쓸한 모습이지만, 한때 풍요로웠던 기억을 간직한 채 굳건한 자존심으로 버텨내는 일주이다.

戊戌은 듬직하고 신뢰감을 주는 인상이지만, 지장간에 정인과 상관을 두어 타인에게 인정받고 싶은 욕구도 강하다. 자신의 좋은 이미지를 지키기 위해 성실한 모습을 보이려고 노력하지만, 자존심이 상하는 것은 못 참는다.

戊戌과 戊辰은 모두 일지에 비견을 두어 자존심이 강하다는 공통점을 가진다. 하지만 戊戌은 戊辰에 비해 인상이 강하고 책임감 또한 강한 편이다. 보수적인 성향은 戊戌이 더 두드러지는 반면, 戊辰은 융통성이 있고 자기 실속을 더 잘 챙기는 편이다. 그래서 戊戌은 사주에 木관성이 있어야 직장 생활을 더 융통성 있게 할 수 있다. 또한 金식상이 있으면, 마음속에 담아 두었던 생각을 말과 행동으로 표현하게 되어 대인관계가 훨씬 더 원활해질 수 있을 것이다.

戊戌 남자는 가부장적 성향이 강하고 보수적인 기질을 보이며, 자신과 같이 보수적이고 순종적인 배우자를 선호하는 경향이 있다. 반면 戊戌 여자는 강인한 이미지의 여장부와 같아서 배우자에게 의존하기보다, 자신의 능력으로 가정을 이끌어 가려는 의지가 매우 강하다.

② 실제 사주를 통한 심리 분석

시주	일주	월주	연주
	戊 편인	甲 편관	
	戌 비견	寅 편관	

戊戌일주 여성이다. 연주는 土火이고 시주는 金기둥이다. 용신은 金이고 희신은 水인데, 원국에는 水재성이 없다.

이 사주는 각 주(柱)가 하나의 오행으로 순수하게 이루어져 있다. 이로 인해 각 오행의 특성이 매우 명확하게 드러나며, 이는 삶의 각 시기마다 뚜렷하게 구분되는 변화를 경험하게 될 것을 암시한다.

초년기를 의미하는 연주는 간지가 土비견과 火인성으로 되어, 상당히 원칙적인 가정에서 성장했음을 엿볼 수 있다. 어려서부터 고집이 있으면서도 또래보다 생각이 깊은 모범생이었을 것으로 보인다. 청년기를 나타내는 월주의 간지는 모두 木관성이다. 이 시기는 인생에서 가장 역동적이고 힘든 시기가 될 것이다. 강한 관성이 일간을 강력하게 통제하고 압박하고 있어, 일의 강도나 책임감, 또는 스트레스가 많았을 것으로 보인다.

중년기를 상징하는 일주가 戊戌이어서, 청년기의 압박에서 어느 정도 벗어나 자신에게 온전히 집중하는 시기가 찾아온다. 이 시기부터는 독립과 안정을 찾으며 더욱 주체적인 삶을 꾸려 나갈 수 있다. 인생의 말년인 시주는 모두 金식상이다. 자신이 이룬 성과나 지혜 등을 타인과 나누려고 할 것이다. 특히 金이 용신이므로, 말년이야말로 가장 행복하고 편안한 시기가 될 것이다.

6

기일간

 기는 십간(十干) 중에서 음(陰)운동이 본격적으로 시작되는 기운이다. 양(陽)이 자신을 적극적으로 드러내고 확장하는 데 반해, 음(陰)은 에너지를 안으로 억제하고 수렴하는 작용을 한다. 그래서 음은 양보다 현실적이고 실속을 챙기려는 마음이 더 강하게 나타난다.

 지구 중력에 의해 만들어진 큰 산과 대지가 戊土라면, 己土는 영양분이 풍부하고 부드러운 작은 땅이고 습토(濕土)이다. 己土는 만물을 길러내는 '어머니의 대지(大地)'이자 '정인(正印)의 속성'을 지니고 있다. 겉으로 화려하게 드러나지는 않지만, 모든 생명과 생산의 기반이 되는 가장 본질적이고 실용적인 에너지이다. 己土의 특징은 다음과 같다.

1. 己土는 자기 속마음을 쉽게 드러내지 않는 신중함이 있다.
2. 己土는 부드럽고 친절해 보이지만, 속으로는 냉철한 판단 기준을 가지고 있다.
3. 己土는 디테일에 강하고 부지런한 성격이다.
4. 己土는 안정성과 자신의 경험을 가장 중시한다.
5. 己土는 직접 경험하지 않는 것에는 다소 거부감을 느낀다.
6. 己土는 자기 관리에 철저하며, 때로는 이기적인 면도 보인다.
7. 己土는 자기 주변을 잘 챙기고 특히 가정에 헌신적이다.
8. 己土는 합리적이고 이성적인 방식으로 판단한다.
9. 己土는 자신에게 이익이 되는 것을 끌어당기는 성질이다.
10. 己土는 사람을 판단하고 받아들이는 기준이 다소 까다롭다.
11. 己土는 많은 사람과의 관계를 추구하지는 않는다.

일반적으로 己土를 생물이 잘 자라는 비옥한 '토양'에 비유하기에, 사주에 己土 정인이 있으면 모성애가 있다고 설명하지만 이것은 정확한 설명이 아니다. 출산, 양육과 관련된 엄마의 무조건적인 사랑은 식신의 영역이고, 己土 정인의 본질은 타인을 잘 이해하여 자신에게 도움이 되는지 안 되는지를 파악하는 '선별적이고 실리적인 수용성'이라고 할 수 있다.

己丑

己는 정인 성향이고, 丑은 己의 비견이다.
丑의 지장간은 癸, 辛, 己로 己의 편재, 식신, 비견이다.
己丑일주는 己土 정인이 기본적인 심리다.

① 기본 심리 분석

己丑은 丑月의 한겨울에 얼어붙어 있는 비옥한 논밭을 연상시킨다. 겉모습은 차갑고 고요해 보이지만, 얼어붙은 땅속에는 다가올 봄의 새싹을 틔워내기 위한 끈질긴 생명력이 버티고 있다. 이런 모습처럼 己丑일주는 부드럽고 유순해 보여도, 속에는 강한 인내심과 꺾이지 않는 고집을 품고 있다.

丑은 십이지신(十二支神) 중 '소'가 상징하는 성실함과 끈기를 기본 성품으로 가진다. 일지에 비견을 두어 자기 고집이 뚜렷하고 한 번 마음먹을 것은 바꾸지 않는 강한 고집 또한 있다. 특히 지장간이 식생재(食生財)의 흐름을 보이고 있어, 손해를 보거나 경쟁에서 뒤처지는 것을 용납하지 않는 성격이다. 이것은 황소고집이 있는 대기만성형으로 볼 수 있으므로, 己丑일주에게 결과를 재촉하기보다는 여유를 가지고 기다려 주는 자세가 필요할 것이다.

반면, 己丑은 변화를 꺼리는 보수적인 성격으로 인해 융통성이 부족해 보이거나, 속마음을 잘 드러내지 않아 때로는 답답하다는 인상을 줄 수 있다. 그래서 만약 사주에 식상(食傷)이 있다면 대인관계가 한결 원활해질 수 있으며, 재성이 있다면 보다 적극적인 성격을 갖추게 될 것이다. 己丑은 차가운 땅이므로, 사주에 金水의 기운이 많다면 조후(調候)를 위해 火의 도움이 반드시 필요하다. 또한, 만일 己丑일주가 토다(土多)로 되면 생각은 많지만 실행력은 약할 수 있다.

② 실제 사주를 통한 심리 분석

시주	일주	월주	연주
	己 정인	甲 정관	
	丑 비견	辰 겁재	

己丑일주 여성이다. 연주는 水기둥이고 시주는 水金인 신강사주다. 이 사주는 한습(寒濕)하여 용신으로 火가 절실하지만 원국에는 없다. 희신은 木이어서 운으로 火가 온다면 크게 발복할 수 있다.

이 사주의 핵심 구조는 일간이 월간과 甲己합을 이루는 가운데, 일지와 월지 모두에 뿌리를 두어 신강(身强)하여, 강한 자존심과 굳건한 정신력을 지닌 것이 특징이다. 이렇게 강한 주체성을 지닌 일간이 정관과 합을 하고 있다는 것은, 자신의 뛰어난 역량을 사회나 조직으로부터 정당하게 인정받고자 하는 강한 열망을 의미한다. 특히 辰土에 깊이 뿌리를 내린 甲木 정관 또한 힘이 강하여, 이는 편법이나 요행을 통해 성공하려는 마음이 없으며 오직 정도를 통해 자신의 목표를 이루려는 올곧은 성품을 보여준다.

이 사주의 가장 큰 약점은 화기(火氣)가 없다는 점이다. 사주에서 火인성이 없다는 것은, 내면적으로 고독감이나 냉정함을 느끼기 쉬운 기질로 이어질 수 있다. 또한 현실적인 측면에서는, 자신의 능력을 인정해 주고 이끌어 주는 윗사람이 없어서, 모든 것을 자신의 힘으로 개척해야 한다는 암시도 있다. 한편, 이 사주는 재성과다여서 마음이 조급하고 자기감정을 제대로 컨트롤 못하는 단점도 가지고 있다. 따라서 의식적으로 마음의 여유를 갖고, 당장의 결과에 연연하지 않는 자세를 유지하는 것이 필요하다.

己卯

己는 정인 성향이고, 卯는 己의 편관이다.
卯의 지장간은 乙로 己의 편관이다.
己卯일주는 己土 정인이 기본적인 심리다.

① 기본 심리 분석

己卯는 만물이 생동하는 봄의 초원 위에 펼쳐진 비옥한 대지와 같은 이미지를 보여준다. 卯는 십이지신(十二支神) 중 토끼를 뜻하며, 자오묘유(子午卯酉)의 왕지(旺支)로서 왕성한 활동력과 생명력을 상징한다.

己卯일주의 가장 큰 특징은 외유내강(外柔內剛)의 기질이 뚜렷하다는 점이다. 겉으로는 만물을 포용하는 己土처럼 온화하고 중립적인 인상을 주지만, 내면에는 卯木 편관의 예리하고 강한 에너지를 지니고 있다. 이 편관의 압박감은 역설적으로 己卯일주에게 뛰어난 생존력과 현실 감각을 만들어 준다. 이 때문에 어떤 조직이나 환경에서도 실리를 추구하며 끝까지 살아남는 저력을 발휘하게 된다.

평상시에는 卯木 특유의 발랄함이 편관의 예민함을 부드럽게 완화하여, 균형 잡힌 사교성으로 드러나는 경우가 많다. 하지만 위험을 감지하면 귀를 쫑긋 세우는 토끼처럼, 자신을 둘러싼 환경이 불안정해지거나 급격한 변화가 발생하면 숨겨져 있던 편관의 민감하고 분석적인 기질이 수면 위로 드러나게 된다. 이때는 평소와는 다른 날카로운 모습을 보이거나 감정의 기복이 커질 수 있다. 己卯는 정인의 수용성과 편관의 안정성을 가장 중요하게 생각하는 일주여서, 발랄한 겉모습과 달리 속으로는 소심함과 우유부단함이 큰 성격일 수 있다.

② 실제 사주를 통한 심리 분석

시주	일주	월주	연주
	己 정인	壬 정재	
	卯 편관	戌 겁재	

己卯일주 남성이다. 연주는 土金이고 시주는 火木인 신약사주다. 용신은 시간의 火이고 희신은 木이다.

비록 이 사주가 전체적으로는 신약(身弱)한 흐름을 보이지만, 戌月生이고 연간에도 비겁을 두어서 내면적으로는 강한 자존심과 남다른 끈기를 가진 사람이다. 하지만 동시에 일지와 시지에 卯木 편관이 자리하고 있어, 이는 살아가면서 막중한 책임감과 심리적 스트레스로 작용한다. 이러한 구조는 편안함과는 다소 거리가 있다. 오히려 스스로를 끊임없이 도전적인 환경에 내던지고, 그 안에서 부딪히며 자신의 가치를 증명해 나가려는 성향으로 나타나는 것이 특징이다.

특히 시지에는 편관이, 시간에는 편인이 자리하여 관인상생(官印相生)의 멋진 구조를 이루고 있다는 점이 이 사주의 핵심이다. 편인이 자기 자리인 시간에 제대로 자리 잡음으로써, 이는 단순히 공부만을 의미하는 것이 아니라 남다른 직관력 또는 전략적 사고를 나타낸다. 따라서 인생의 어려운 문제에 직면했을 때 이 편인의 지혜가 발휘되어 슬기롭게 문제를 해결하고, 오히려 자신의 명예와 권위를 높일 수 있게 된다. 그래서 이 사주에서는 시간의 丁火가 용신으로 되는 것이다.

또한 일지와 월지는 卯戌합을 하고 있다. 사회적 환경과 직업을 의미하는 월지와 내가 합을 하였기 때문에, 몸담은 조직에 대한 만족도가 높고 그 안에서 자신의 역량을 충분히 발휘할 수 있음을 암시한다.

己巳

己는 정인 성향이고, 巳는 己의 정인이다.
巳의 지장간은 庚, 丙으로 己의 상관, 정인이다.
己巳일주는 己土 정인이 기본적인 심리다.

① 기본 심리 분석

己巳는 초여름의 따스한 햇살을 듬뿍 받은 비옥한 화단을 연상시킨다. 이러한 아름다운 이미지처럼, 己巳일주는 온화하고 부드러운 인상으로 주변의 호감을 쉽게 얻으며, 특히 이성에게 인기가 많은 매력을 지니고 있다. 하지만 간지가 모두 정인으로 구성되어, 겉보기와 달리 매우 신중하고 현실적인 안정성을 추구하는 성향이다.

己土는 생명을 키우는 습토(濕土)여서 따뜻한 정과 신뢰감을 나타내며, 巳火는 뜨거운 불과 같은 열정이 있는 지지이다. 따라서 己巳를 단순히 외모만 보고 판단하기는 어렵다. 본인 스스로도 내면의 뜨거운 에너지를 잘 활용해야 성공에 더 가까워질 수 있을 것이다. 일반적으로 일지가 정인이면 공부에 재능을 보이는데, 특히 己巳는 간지가 모두 정인이므로 자격증을 취득하여 전문직에 종사하는 것이 매우 유리하다. 己巳는 기사(技士)가 어울린다고 할 수 있다.

일지가 정인인 사람은 삶을 비교적 편안하게 살 가능성이 크며, 특히 일지가 용신이라면 더 그렇다. 정인은 자신에게 이익이 되거나 도움이 되는 것을 잘 알아보는 특성을 가져서, 배우자도 엄마와 같이 언제나 자신을 위하고 아껴 주는 사람을 찾으려고 한다. 이는 남녀 모두에게 해당되는 부분이다. 그런데 己巳일주 남자의 사주에 인성이 많다면 마마보이와 같은 성격일 수 있고, 여자라면 가족보다 자기를 먼저 챙기는 이기적인 사람일 수 있다.

② 실제 사주를 통한 심리 분석

시주	일주	월주	연주
	己 정인	癸 편재	
	巳 정인	丑 비견	

己巳일주 여성이다. 연주는 火水이고 시주는 木土인 신강사주다. 용신은 金식상이 제격이지만 원국에는 없어, 시간의 甲木이 용신으로 작용한다.

이 사주는 비겁, 인성, 재성이 각각 두 개씩 자리하고 있어서 일간의 힘이 매우 강할 뿐만 아니라 뛰어난 지혜와 강한 추진력도 갖추고 있다. 여기에 시간에는 반듯한 甲木 정관까지 자리해서 일간과 甲己합을 이루고 있어, 뛰어난 조직 생활을 기대해 볼 수 있다. 또한 甲木 정관이 용신이므로 중년 이후에 높은 지위에 오를 가능성 또한 높다. 한 마디로, 내적인 잠재력을 바탕으로 안정적인 성공을 이룰 여장부와 같다고 할 수 있다.

다만 아쉬운 점은 표현력을 상징하는 식상이 사주에 없어, 자신의 능력을 세련되게 표현하는 데는 다소 서툴 수 있다. 이로 인해 '겉보기에는 무뚝뚝하고 속을 알 수 없지만, 알고 보면 따뜻한 사람'이라는 평을 들을 수도 있다.

월간과 연간은 丁癸충을 이루고 있고, 연지는 월지의 극(剋)을 받고 있어, 어린 시절에는 정체성의 혼란을 겪거나 집중력이 떨어져 뚜렷한 목표 의식 없이 방황하기 쉬운 모습을 보일 수 있다. 그러나 초년기를 지나면서 월주의 힘이 강해지고 대운의 흐름 또한 木火로 이어지면서 자존감이 회복되고, 이를 바탕으로 사회활동에도 적극적으로 임할 것으로 보인다.

己未

己는 정인 성향이고, 未는 己의 비견이다.
未의 지장간은 丁, 乙, 己로 己의 편인, 편관, 비견이다.
己未일주는 己土 정인이 기본적인 심리다.

① 기본 심리 분석

　己未는 늦여름, 수확을 앞둔 밭과 같은 이미지를 풍긴다. 조금만 더 참고 인내하면 풍요로운 결실을 얻을 수 있다는 기대감으로 가득 찬 일주이다. 己未는 대개 차분하고 점잖은 용모를 가진 경우가 많다.
　己未일주는 안정성을 가장 중요하게 생각하기 때문에 대인관계의 폭이 넓지 않은 경우가 많고, 자기 생각 또한 쉽게 드러내지 않는다. 더욱이 未土는 己土의 비견이며, 지장간에는 편관과 편인이 있어 자존심과 고집이 매우 강하다. 자신이 한번 결정한 일은 끝까지 밀어붙이는 뚝심과 인내심을 가지고 있다. 하지만 만약 己未가 삶의 방향성을 올바르게 설정하지 못한다면, 가을철 수확기에 알맹이 없는 결실만 얻을 수도 있다. 그러므로 자기 생각만을 고집하기보다는 주위 사람들의 현명한 조언에 귀를 기울이는 자세가 필요하다.

未土는 지장간에 편인을 두어서 남들과 다른 독특한 생각을 하는 경우가 있고, 또한 편관도 있어서 예민하고 지나간 일들을 마음에 오랫동안 담아 두는 경향도 있다. 그래서 己未일주는 자신의 마음을 쉽게 드러내지 않고, 힘든 일이 있어도 내색을 잘 하지 않아서 스트레스에 취약할 수 있다.

己未일주는 사주에 甲木이 있다면 조직 생활에서 융통성을 발휘할 수 있고, 金식상이 있다면 대인관계를 더욱 편하게 이끌어 갈 수 있을 것이다.

② 실제 사주를 통한 심리 분석

시주	일주	월주	연주
	己 정인	戊 겁재	
	未 비견	子 편재	

己未일주 남성이다. 연주는 木火이고 시주는 水金인 신약사주다. 용신(用神)은 火이고 희신(喜神)은 土, 기신(忌神)은 水이다.

뚝심이 강한 己未일주가 월주에 겁재와 편재를 두어 사회생활을 자신의 강한 고집대로 이끌어 가려는 경향이 두드러지게 나타난다. 월지에 편재가 있으면 청년기에 사업이나 투자에 관심이 커지기 마련이지만, 이 사주는 신약한 데다 재성이 기신이며 일지의 극(剋)까지 받고 있어 재물과는 거리가 멀다고 하겠다.

  이 사람은 젊은 시절 몇 년간 직장 생활을 하였으나, 직장 생활의 답답함과 자기의 성질을 이기지 못해 개인 사업의 길로 들어선 경우이다. 당시의 대운이 木관성으로 흘러서 스트레스를 많이 받았던 것으로 보인다. 사업 실패의 주된 원인은 주변 사람들의 의견이나 조언을 듣지 않고 자기 고집대로 일을 밀어붙였기 때문이었다. 己未일주가 수확을 앞둔, 잠재력이 뛰어난 일주이기는 하지만 방향 설정을 잘못할 경우 실패할 가능성 또한 큰 일주이다.

  시주에도 월주와 비슷하게 편재가 자리 잡고 있어, 나이가 들어서도 사업에 대한 미련을 완전히 버리지 못할 것이다. 하지만 젊었을 때와 다른 점은 시지에 金식상이 있어 주변 사람들의 조언에 귀를 기울일 가능성이 있고, 대운 또한 火운으로 흘러서 일간에게 큰 도움이 된다는 것이다.

己酉

己는 정인 성향이고, 酉는 己의 식신이다.
酉의 지장간은 辛으로 己의 식신이다.
己酉일주는 己土 정인이 기본적인 심리다.

① 기본 심리 분석

己酉는 음력 8월, 과일과 벼가 황금빛으로 무르익은 논밭의 풍요로운 이미지를 떠올리게 한다. 예로부터 酉金을 땅속의 보석에 비유하곤 하지만, 잘 여문 곡식만큼 귀한 보석은 없을 것이다.

己酉는 깔끔하고 분명한 성격과, 한 가지 일에 깊이 몰입하는 경향을 보인다. 이는 학업이나 운동에 전념하거나, 요리와 같은 특정 분야에 집중하는 형태로 나타나기도 한다. 己酉는 土生金의 구조 덕분에 자신의 생각을 막힘없이 표현하며, 감정보다는 사실에 기반한 논리로 말을 풀어나가기 때문에 설득력이 매우 뛰어나다. 그러나 酉金은 말이 날카로울 수 있어, 타인의 감정을 상하게 하는 경우도 종종 있다.

일지의 酉金은 이중적인 면모를 지니고 있다. 한편으로는 잘 익은 곡식이나 아름다운 보석처럼 풍요로움과 여유를 상징하며, 다른 한편으로는 나뭇가지의 과일을 베어내는 차가운 가을바람이나 칼날처럼 날카로운 기운을 보인다.

특히 己酉는 간지에 정인과 식신을 가지고 있어, 합리적인 수준에서 베풀고 봉사하려는 선한 마음을 가지고 있지만, 만약 상대방이 그 기준선을 넘어서면, 매우 냉정하게 관계를 정리하거나 선을 긋는 모습을 보이기도 한다. 겉으로는 수용적이고 친절해 보이지만, 내면에는 자존심이 매우 강하고 자기만의 원칙과 기준이 명확한 일주가 바로 己酉이다.

② 실제 사주를 통한 심리 분석

시주	일주	월주	연주
	己 정인	庚 상관	
	酉 식신	午 편인	

己酉일주 여성이다. 연주는 土火이고 시주는 金火인 신강사주이다. 인성과 식상이 각각 세 개씩 있는 인식다(印食多) 구조이다. 사주원국에 水와 木이 없어서 金을 용신으로 삼지만, 대운이나 세운으로 水운이 들어오면 진용신(眞用神)으로 작용하게 된다.

이 사주의 첫째 특징은 지지에 火기운이 강하다는 것이다. 이러한 火기운은 넘치는 에너지와 뜨거운 열정을 지닌 성격으로 나타나는 동시에, 己土의 인성에 해당하여 뛰어난 학습 능력과 강한 자기 확신을 가지게 된다. 다만, 감정의 기복이 심하거나 다혈질적인 면도 보인다. 또한, 火는 직진하는 성질을 가지고 있어, 언행이 직설적이거나 성급하게 비칠 수도 있으니, 세심한 주의가 필요하다.

두 번째 특징은 金기운이 강하다는 것이다. 이 사주의 金은 식신과 상관의 역할을 하고 있어 총명하고 자기 표현에 매우 능하다. 그런데 火도 직선적인 성질을 지니는데 金마저 강하고 날카로운 기운을 띠고 있어, 불의를 참지 못하고 다소 급발진하는 기질이 나타날 수도 있으니 조심할 필요가 있다.

특히 월간의 상관은 조직의 문제점을 개선하려는 성향이지만, 때로는 지나치게 개혁적인 모습으로 비춰질 수 있으니 그 정도를 조절하는 것이 중요하다. 식상다(食傷多)의 무관성(無官星)의 사주이면 더 조심할 필요가 있다.

己亥

己는 정인 성향이고, 亥는 己의 정재이다.
亥의 지장간은 甲, 壬으로 己의 정관, 정재이다.
己亥일주는 己土 정인이 기본적인 심리다.

① 기본 심리 분석

 己亥는 초겨울에 얼어 있는 논밭처럼 느껴지기도 하고, 강물을 품고 있는 옥토와 같은 느낌도 준다. 亥水의 본기(本氣)는 壬水이며, 壬水의 본성은 식신이어서 亥水는 성(性)과 출산을 가장 중요하게 여긴다. 따라서 일지에 亥水를 둔 사람은 이성에게 인기가 많고, 이성에 대한 관심도 많다.
 원만한 직장 생활을 하려면 좋은 인간관계뿐만 아니라 업무를 정확하게 처리하는 능력이 필수적이다. 己土는 정인의 기질이고 지장간에는 정관이 있어, 조직 생활에 잘 적응하고 성실하다. 또한 亥水는 정재와 식신의 성질이 있어서 업무 능력 또한 훌륭하다. 亥水는 큰 물을 의미하여 큰 재물을 상징하기도 하지만, 己土의 정재인 만큼 안정적인 수입을 선호하는 직장인의 성향도 강하다.

己亥는 음간음지(陰干陰支)의 특성을 지녀, 겉으로 보이는 모습보다 수동적이고 내성적인 성격이다. 己土의 정인성과 水의 응축되는 기질이 맞물려 자기 속내를 시원하게 드러내지 않는 경향도 있다. 또한 지장간이 재생관(財生官)으로 흘러 관(官)의 성질도 강해서, 사소한 일에도 예민하게 반응하거나 실패에 대한 걱정과 두려움이 깔려 있을 수 있다. 마치 얼어붙은 땅에서 곡식을 키울 수 없듯이, 己亥는 丙火나 丁火의 열기가 있어야 자기 능력을 잘 펼칠 수 있다.

② 실제 사주를 통한 심리 분석

시주	일주	월주	연주
	己 정인	癸 편재	
	亥 정재	亥 정재	

己亥일주 여성이다. 연주는 水金이고 시지는 火木인 신약사주다. 용신은 火이고 희신은 木이다.

이 사주의 가장 큰 특징은 재다신약(財多身弱)이라는 것이다. 특히 초년과 청년기에 해당하는 연주와 월주에 金과 水의 기운이 강하게 작용하여, 재다신약의 어려움을 가장 크게 느끼고 있다. 이는 가정환경 또는 사회 초년기에 자신의 역량에 비해 버거운 책임을 짊어질 수 있다는 암시이다. 중년의 운인 일주에서도 재물이나 직무로 인한 스트레스가 적지는 않겠지만, 己土일간이 점차 자기 중심을 확고히 다져 나가며 이러한 어려움들을 극복해 나가려 한다.

말년의 운세인 시주는 마침내 인생의 황금기가 시작됨을 암시하고 있다. 시주에 용신과 희신인 火와 木이 강하게 자리 잡고 있으며, 일지에서 시작된 상생(相生)의 흐름이 시주에 이르러 일간에게 온전히 전달되고 있다. 이는 재생관(財生官)과 관인상생(官印相生)이라는 가장 이상적인 흐름을 의미한다.

이는 지난 세월의 노고와 어려움을 모두 보상받고, 그 결실을 맺는 시기인 것이다. 나이가 들수록 사회적 명망을 얻고, 경제적 풍요와 정신적 안정을 누리게 될 것이다. 다만, 이러한 결실은 결코 우연히 주어지는 것은 아니다. 젊은 시절의 어려움을 잊지 않고 꾸준히 정진할 때 비로소 맞이할 수 있는 것이다.

7
庚일간

 庚을 물상으로 보면 단단한 바위나 무쇠에 비유할 수 있으며, 계절로는 결실과 숙살(肅殺)의 기운이 있는 가을에 해당한다. 庚金 일간의 주된 특징은 십신 중 비견(比肩)으로 대표되는 강한 주체성과 자립심이다.

 비견은 '현재'에 집중하는 힘을 의미하는데, 이는 과거에 대한 후회나 미래에 대한 불안에 얽매이기보다 지금 이 순간을 직시하는 단단한 자아를 뜻한다. 생각이 과거나 미래로 흩어지지 않고 현재에 머무는 사람은 불필요한 번민이 적어 스트레스가 비교적 적은 편이다. 庚金은 다음과 같은 특징을 보인다.

1. 庚金은 큰 바위와 같은 묵직하고 견고한 인상이다.
2. 庚金은 바위처럼 겉과 속이 같은 강직함과 일관성이 있다.
3. 庚金은 타인과의 경계를 명확하게 설정한다.
4. 庚金은 꾸밈없는 정직함과 신뢰감을 준다.
5. 庚金은 현실주의자이며, 사실을 있는 그대로 직시한다.
6. 庚金은 과오나 실수가 있을 때 깨끗이 인정한다.
7. 庚金은 화려한 말보다 직접 행동으로 옮기고 실천한다.
8. 庚金은 확고한 신념으로 주변의 시선에 연연하지 않는다.
9. 庚金은 오래 알수록 신뢰하게 되는 진국 같은 사람이다.
10. 庚金은 디테일에 약하고, 살갑고 부드러운 표현에 서툴다.
11. 庚金은 자기 생각을 솔직하고 직설적으로 표현한다.
12. 庚金은 고집이 강하고 융통성이 부족해 보인다.
13. 庚金은 정의감이 투철하며, 의리를 매우 중요하게 생각한다.
14. 庚金은 가을의 숙살지기(肅殺之氣)처럼, 불필요하거나 불합리한 것을 끊어내는 강력한 결단력을 지니고 있다.
15. 庚金은 원석(原石)과 같아서, 丁火의 제련을 통해 단련될수록 더욱 예리하고 가치 있게 된다.

庚子

庚은 비견 성향이고, 子는 庚의 상관이다.
子의 지장간은 癸로 庚의 상관이다.
庚子일주는 庚金 비견이 기본적인 심리다.

① 기본 심리 분석

庚子는 큰 바위 아래로 맑은 샘물이 솟아나는 느낌을 준다. 이는 멀리서 보면 바위처럼 견고하고 단단해 보이지만, 가까이 다가서면 샘물과 같은 청량감과 지혜를 품고 있는 이중적인 매력을 암시한다. 특히 庚子 여성은 庚金 특유의 도도함과 子水 상관의 섬세한 총명함이 어우러져, 차가운 듯하면서도 사람을 끄는 독특한 매력을 발산한다.

庚子일주는 내면에 두 가지 강한 힘이 공존한다. 하나는 庚金 비견의 자존심과 주체성이다. 둘째는 子水 상관의 문제 파악 능력과 비판적 사고, 그리고 총명함이다. 이 두 기운이 조화를 이루어 헛된 꿈을 좇기보다 현재 자신의 위치에서 최선을 다해 미래를 개척해 나가는 모습을 보인다.

이러한 기질은 대인관계에서도 명확히 드러난다. 자신의 신념에 어긋나거나 부당하다고 생각되는 일에는 단호하고 직설적으로 비판의 목소리를 낸다. 비록 가까운 사이일지라도 원칙에 어긋나는 일에 대해서는 냉철하게 지적할 줄 아는 용기를 가지고 있다.

그러나 庚金의 강하고 예리한 성질이 드러나게 되면, 그동안 쌓아 온 신뢰와 호의를 단 한 번의 실수로 무너뜨릴 수도 있다. 庚子는 동료들과 유연하게 소통하고 온화하게 표현하려는 노력이 필요하다.

② 실제 사주를 통한 심리 분석

시주	일주	월주	연주
	庚 비견	丁 정관	
	子 상관	丑 정인	

庚子일주 여성이다. 연주는 土기둥이고 시주는 木金인 신강사주다. 인성과다로써 용신은 시간의 木이고 희신은 火이다.

庚金이 한겨울인 丑月에 태어났다. 사주 전체에 土인성이 과다하여, 밖에서 반짝여야 할 보석이 차가운 흙에 파묻혀 있는 형국이다. 이는 자신의 뛰어난 재능과 가치를 세상에 드러내는 데 오랜 시간과 노력이 필요한 답답함을 암시한다. 인성은 생각, 학문 등을 의미하는데, 이것이 과다하면 행동보다 생각이 너무 깊고, 이상은 높으나 현실적인 실천력이 부족해 초년과 청년기에는 어려움을 겪을 수 있다.

庚金일간은 시간의 乙木과 乙庚합을 하여 재물에 대한 강한 집착과 욕구를 가진다. 동시에 월간의 丁火 정관은 안정된 직장에서 명예와 성공을 얻고자 하는 성향을 나타낸다. 하지만 재물을 의미하는 乙木이 酉金 절지(絶地) 위에 앉아 있어, 재물을 향한 열망은 강하지만 그것을 쟁취할 수단이나 뿌리가 약하고 불안정함을 의미한다.

일지 배우자궁의 子水와 시지 자식궁의 酉金이 子酉파의 관계를 형성하고 있다. 이는 내면적으로 매우 예민하고 감정 기복이 클 수 있음을 의미하며, 배우자나 자식과의 관계에서 예상치 못한 불편함이나 갈등을 겪을 수도 있다.

庚寅

庚은 비견 성향이고, 寅은 庚의 편재이다.
寅의 지장간은 丙, 甲으로 庚의 편관, 편재이다.
庚寅일주는 庚金 비견이 기본적인 심리다.

① 기본 심리 분석

庚寅은 도봉산의 우이암에 뿌리내린 울창한 나무의 물상을 지닌다. 또한 庚은 흰색, 寅은 호랑이를 뜻하여, 庚寅을 백호(白虎)라고도 한다. 이는 강력한 에너지와 리더십, 그리고 결코 좌절하지 않는 추진력을 가진 매우 힘 있는 일주이다. 庚金과 寅木은 모두 강한 힘을 가지고 있고, 또한 편(偏)의 성질이어서 안정적인 방식보다는 자신만의 방식으로 순수하고 명료하게 목표를 향해 돌진하려고 한다.

원칙과 소신을 바탕으로 행동하는 강직한 성품을 지녔으나, 자신의 신념이 지나치게 강하면 융통성이 부족한 모습으로 비칠 수도 있다. 특히 강한 자존심과 지배욕은 庚寅을 집단의 리더로 만들지만, 만약 리더가 되지 못할 경우 조직에 융화되지 못하고 스스로 아웃사이더가 되기도 한다. 따라서 庚寅을 팀원으로 둔 상사라면, 세세한 간섭보다 자율성과 책임감을 최대한 부여하여 그의 능력을 믿어 주는 것이 최선일 수 있다. 반대로 庚寅 스스로는 조직 내에서 자신의 주장을 너무 강하게 드러내지 않도록 조심할 필요가 있다.

庚寅은 일지 편재의 영향으로 목표 지향적인 성향이 강해 과정의 디테일을 놓치거나 성급하게 결과를 내려는 단점이 있다. 또한 'Hi Risk - Hi Return'의 투자 심리가 있으므로, 신중하게 판단하고 행동하는 것도 필요하다.

② 실제 사주를 통한 심리 분석

시주	일주	월주	연주
	庚 비견	辛 겁재	
	寅 편재	未 정인	

庚寅일주 남성이다. 연주는 土기둥이고 시주는 火水인 신강사주다. 용신은 木이고 희신은 水이다.

庚金이 늦여름의 메마른 未土에 태어났고, 연주와 월지에 강력한 土인성이 중첩되어 있어 토다매금(土多埋金)의 형국을 이루고 있다. 이는 자신의 뛰어난 재능과 잠재력이 두터운 흙에 묻혀 세상에 드러나지 못하는 깊은 답답함을 의미한다. 여기에 월간의 辛金 겁재는 불필요한 고집과 경쟁 심리를 부추겨, 인생의 전반부를 더욱 힘들게 만드는 요인으로 작용한다.

하지만 이 사주의 가장 큰 행운은 일지에 용신이 굳건히 자리 잡고 있다는 점이다. 일지는 배우자궁을 의미하는 만큼, 결혼과 함께 운이 트이고 능력 있는 배우자의 도움으로 성공의 기틀을 마련할 수 있다. 특히 寅木은 두터운 土기운을 뚫어 주어, 중년 이후부터는 답답함이 해소되고 대담한 추진력을 바탕으로 재물을 얻을 것으로 보인다.

또한 시지는 자녀궁을 의미하는데, 여기에 子水 희신이 자리를 잡고 있어 자녀 복은 물론, 자신의 능력이 세상에 드러나는 계기가 될 것이다. 아울러 시간에 떠 있는 丙火 편관은 신강한 사주에 있어서는 높은 명예를 의미하므로, 말년에는 사회적으로 큰 명예를 얻게 됨을 암시한다.

庚辰

庚은 비견 성향이고, 辰은 庚의 편인이다.
辰의 지장간은 乙, 癸, 戊로 庚의 정재, 상관, 편인이다.
庚辰일주는 庚金 비견이 기본적인 심리다.

① 기본 심리 분석

庚辰은 모내기를 마친 너른 논 한가운데 우뚝 솟아 있는 큰 바위와 같은 모습이다. 이런 모습을 멀리서 보면, 큰 바위의 존재감이 먼저 눈에 들어오기도 하고, 때로는 푸른 논이 먼저 띨 수도 있다. 겉으로는 바위처럼 단단하고 냉철하지만, 그 내면에는 만물을 키워내는 대지처럼 베풀 줄 아는 따뜻한 마음을 함께 품고 있는 모습이다. 이처럼 庚辰은 이질적인 요소가 결합되어 있는 외강내유(外剛內柔)의 모습을 보이는 일주이다.

일지 辰土는 일간의 편인으로, 이는 뛰어난 직관력과 촉, 그리고 한 가지 일에 몰두하면 끝을 보는 집중력과 전문성을 의미한다. 庚辰일주는 지장간의 癸水 상관이 뛰어난 작용을 한다. 상관은 자신의 재능을 표현하고 베푸는 기운으로, 차갑게만 보일 수 있는 庚金에게 따뜻한 인간미와 사회의 문제점을 개선하려는 개혁적 성향을 부여하고 있다. 이 때문에 庚辰일주는 단순한 고집쟁이가 아닌, 자신의 능력을 멋지게 사용하려는 리더의 자질을 갖추고 있다.

庚辰은 그 자체로도 강한 기운을 가지고 있는데, 만일 사주에 金비겁이 많으면 이는 마치 비옥한 논에 바위가 너무 많아 농사를 망치는 것과 같을 것이다. 이것은 지나친 자기 확신과 고집에 빠져 주변의 의견을 무시하게 되고, '모 아니면 도'와 같은 극단적인 성격으로 나타날 수 있다.

② 실제 사주를 통한 심리 분석

시주	일주	월주	연주
	庚 비견	丁 정관	
	辰 편인	卯 정재	

庚辰일주 여성이다. 연주는 土火이고 시주는 土木인 신약사주다. 이 사주는 土인성이 세 개나 있지만 신약사주가 된 경우여서 金을 용신으로 삼는 것이 최적이지만 원국에는 金이 없다. 희신은 土이다.

이 사주는 비록 인다(印多)이지만 일지 辰土는 월지와 시지로부터 훼을 받아 힘이 약하다. 또한 연간에 있는 인성 역시 일간에게 실질적인 큰 힘이 되기 어렵다. 더 나아가 일지가 월지와 인묘진(寅卯辰) 木반합을 형성함으로써, 이 사주는 木재성의 힘이 강한 재다신약(財多身弱)으로 판단

된다.

재다신약 사주는 현실적인 목표 의식과 재물에 대한 욕구가 매우 크며, 해야 할 일이나 하고 싶은 일 또한 많아 늘 분주한 환경에 놓이기 쉽다. 하지만 정작 자신의 에너지가 약해 노력에 비해 결과가 미치지 못하는 경우가 많아, 스트레스를 받거나 쉽게 지쳐 버릴 수 있다.

이 사주의 다른 특징은 인성과다와 무식상(無食傷)이다. 인성과다로 인해 생각이 너무 많아지고 걱정이 과해져, 중요한 결정의 순간에 우유부단함으로 기회를 놓칠 수 있다. 이는 자신의 재능을 온전히 발휘하지 못하고 위축될 수 있음을 의미한다. 또한 무식상은 생각(인성)과 목표(재성)를 현실로 구현할 행동력과 표현력이 부족함을 의미한다.

결국 재다신약이며 인성과다와 무식상인 이 사주는 '해야할 일은 많고(재다), 생각과 걱정만 너무 많아(인성과다), 정작 아무것도 시작하지 못하고(무식상) 에너지만 고갈되는(신약)' 상태로 되기 쉽다. 따라서 생각을 줄이고 작은 것이라도 '즉시' 실행하려고 노력하는 것이 필요하다. 또한 욕심을 줄이고, 운동을 통해 에너지를 키우는 것도 중요하다.

庚午

庚은 비견 성향이고, 午는 庚의 정관이다.
午의 지장간은 丁으로 庚의 정관이다.
庚午일주는 庚金 비견이 기본적인 심리다.

① 기본 심리 분석

庚午는 거대한 바위인 북한산의 인수봉이 한낮의 태양 아래 놓인 형상 또는, 용광로 속에서 뜨겁게 제련되는 강철의 물상을 지니고 있다. 庚午는 겉으로는 강하고 독립적이지만, 내면에는 끊임없이 자신을 정제하고 발전시키려는 의지가 강한 일주이다. 庚은 흰색을 상징하고 午는 십이지신 중 말이어서, 고고하고 위풍당당한 모습을 가진 백마(白馬)의 물상도 가지고 있다.

庚午는 일지에 정관을 두어 규율과 질서를 준수하려는 성향과, 예의 바르고 반듯한 태도를 유지하여 매사에 절제된 모습을 보인다. 이것은 주변의 신뢰와 긍정적인 평가를 이끌어 내는 원동력으로 작용한다. 또한 午火는 역동적이고 화려한 에너지를 상징하는데, 이는 庚金의 강직함과 결합하여 뛰어난 실천력과 추진력으로 나타나게 된다. 하지만 일지 午火의 힘이 과도할 경우 지나친 완벽주의에 갇히거나, 스스로를 엄격하게 옥죄는 강박으로 나타날 수 있다.

만일 庚午일주가 신강하면 午火의 압박을 이겨낼 힘이 충분하여, 어려운 과업이나 난관을 정면으로 돌파해 내는 강력한 리더십과 카리스마로 나타날 것이다. 높은 직위에 오르더라도 책임과 무게를 기꺼이 감당할 수 있을 것이다.

庚午일주 여자가 신강한 경우는 자신을 존중하고 지지하는 배우자를 선택할 것이고, 신약한 경우는 자신보다 능력 있는 배우자를 선택하려고 한다.

② 실제 사주를 통한 심리 분석

시주	일주	월주	연주
	庚 비견	己 정인	
	午 정관	丑 정인	

庚午일주 여성이다. 연주는 木기둥이고 시주는 水土인 신강사주이다. 인성과다로서, 용신은 木이고 희신은 水이다.

이 사주의 핵심은 과다한 土인성을 어떻게 다스리는가에 있다. 다행히 연주에 용신인 木재성이, 시간에는 희신인 水식상이 자리하여 과도한 기운을 제어하고 소통시키고 있다. 이 명주(命主)는 타고난 잠재력을 현실에서 실현하기 위해서는 의식적인 활동과 부단한 노력이 필요하다.

배우자궁인 일지에 정관을 두어 사회적으로 반듯한 남자를 배우자로 선택하였다. 하지만 정관이 기신(忌神)인 월지 인성을 生하는 구조이므로, 배우자의 대외적인 이미지와 달리 집에서는 일간에게 갈등과 스트레스의 원인이 될 수 있음을 암시하고 있다.

연주에 용신이 강하게 자리하여 초년기의 안정과 유복함을 암시하고 있다. 또한 시간에는 희신이 있어 말년으로 갈수록 삶의 활력과 즐거움 또는 정신적 안정을 찾아갈 것도 암시하고 있다. 다만, 운의 흐름에서 기신인 土운과 구신(仇神)인 火운은 경계해야 한다. 이 시기에는 내면의 갈등이 심화되거나 우울감이 커질 수 있다. 이때는 대외 활동이나 취미 활동 또는 적극적인 자기 표현을 통해 속의 에너지를 외부로 발산시키는 것이 중요하다.

庚申

庚은 비견 성향이고, 申은 庚의 비견이다.
申의 지장간은 壬, 庚으로 庚의 식신, 비견이다.
庚申일주는 庚金 비견이 기본적인 심리다.

① 기본 심리 분석

庚申은 설악산 울산바위처럼 압도적인 위엄과 카리스마를 지녔으며, 자신의 곁을 쉽게 허락하지 않는 강인함과 독립적인 기질을 가지고 있다.

申은 계절적으로 초가을에 해당하여 만물이 결실을 맺는 시기이므로, 庚申은 자신이 쏟은 노력에 대한 확실한 결과를 추구하는 강한 성취욕을 지니고 있다. 또한 가을의 서늘한 기운은 이성적이고 냉철한 판단력을 주지만, 申金 속에 아직 남아 있는 여름의 열기는 내면의 뜨거운 열정과 자존심을 의미한다.

庚申은 간지가 모두 비견이어서 생각과 행동의 기준이 '지금, 여기'에 머무른다. 이것은 지나간 일로 인한 후회나 미래에 대한 막연한 불안감에 얽매이지 않고, 현재 주어진 상황을 직시하고 해결하는 데 뛰어난 능력을 보인다. 이런 성향은 때로 냉정하다는 평가를 받기도 하지만, 사적인 감정에 치우치지 않는 공정한 판단 기준으로 작용하여 주변으로부터 강한 신뢰를 얻게 한다.

庚申은 간지가 모두 金이어서 타인에게 의존하지 않고 스스로의 판단과 신념에 따라 행동하려는 성향이 강하다. 그러나 사주원국에 비겁이 많을 경우, 강한 자존심과 고집이 독선과 아집으로 변할 수도 있다. 이는 대인관계에서 마찰과 고립을 초래하는 원인이 될 수도 있는데, 만일 사주원국에 火관성이 있다면 이러한 金의 기운을 적절히 통제하고 단련하여 사회생활을 원만하게 하는 작용을 할 것이다.

② 실제 사주를 통한 심리 분석

시주	일주	월주	연주
	庚 비견	辛 겁재	
	申 비견	酉 겁재	

庚申일주 여성이다. 연주는 水土이고 시주는 火水인 신강사주다. 비겁과다로서 용신은 水이고 희신은 火이다.

이 사주는 金이 태강(太强)한 극신강한 사주이다. 이런 구조는 사주의 힘이 한곳으로 쏠려 있어, 이 강한 에너지를 어떻게 제어하고 활용하는가가 가장 중요하다. 다행히도 이 사주는 강한 金기운이 연간과 시지의 水를 만나, 자기 중심을 잃지 않으면서도 원만하고 조화로운 대인관계를 이끌어 가는 모습을 보인다. 또한 일지와 시지는 신자진(申子辰) 水반합을 이루어 水식상의 기운이 생각보다 강한데, 이 강한 水식상 기운은 일간의 에너지를 막힘 없이 소통시키는 통로가 되어, 학업 성취도가 높고 많은 분야에서 뛰어난 실력을 갖추게 한다. 이는 주변 사람들에게 두터운 신망을 얻는 중요한 바탕이 된다.

더불어, 시간에 떠 있는 丙火 편관은 차갑고 강한 강철 같은 사주에 따뜻한 온기와 인간미, 그리고 사회적 목표 의식을 부여한다. 이로 인해 조직 내에서 균형 감각을 발휘하며 원만한 사회생활을 유지하는 데 도움을 주고 있다. 이 사주의 또 다른 장점은 지지에 극(剋)과 충(沖)은 없고 합(合)만 있다는 것이다. 이는 마치 큰 파도나 소용돌이가 없는 잔잔한 강물처럼, 주변 사람들과의 협력을 통해 세상을 살아간다는 의미도 된다.

庚戌

庚은 비견 성향이고, 戌은 庚의 편인이다.
戌의 지장간은 辛, 丁, 戊로 庚의 겁재, 정관, 편인이다.
庚戌일주는 庚金 비견이 기본적인 심리다.

① 기본 심리 분석

庚戌은 늦가을에 벼 수확을 모두 끝낸 논을 홀로 바라보고 있는 농부의 모습을 떠올리게 한다. 프랑스 화가 장 프랑수아 밀레의 명작인 '이삭 줍는 여인들'이나 '만종'과 비슷한 느낌을 준다. 가을걷이를 끝낸 논은 쓸쓸한 모습이지만 농부의 곡간에는 수확된 벼로 가득 차 있는 것처럼, 庚戌일주는 사람들과의 교류가 많이 없어도 내면에는 여유로움과 안정감이 있는 일주이다.

庚戌은 비견과 편인의 특성을 지녀, 생각이 깊고 업무를 독립적으로 추진하려는 성향이 강하다. 그리고 庚金 특유의 강한 눈빛과 편인의 비판적인 기질은 누구에게나 쉽게 마음을 열지 않는 모습으로 비칠 수 있다. 또한 상대방을 분석하며 일정한 거리를 두는 경향도 있어서, 첫인상은 다소 차갑고 날카롭게 느껴질 수 있다. 그래서 타인들은 庚戌일주를 고독한 사람으로 보기도 하지만 정작 본인은 그렇게 여기지 않는다. 이는 굳이 남에게 잘 보이려 애쓰지 않는 강한 자존심과 자립심이 내면에 단단히 자리 잡고 있기 때문이다.

庚戌 남자는 대체로 무뚝뚝하고 과묵해 보이지만 내면에는 견고한 자존심을 지니고 있다. 庚戌 여자는 강한 카리스마를 가진 여장부와 같고, 남들을 쉽게 믿기보다 냉철하고 비판적인 시각으로 상황을 파악하려고 한다. 남녀 모두 사주에 비겁이 많다면 단호하고 직설적인 모습이 두드러질 수 있다.

② 실제 사주를 통한 심리 분석

시주	일주	월주	연주
	庚 비견	戊 편인	
	戌 편인	申 비견	

庚戌일주 여성이다. 연주는 火기둥이고 시주는 木金인 신강사주다. 용신은 火이고 희신은 木이다.

이 사주는 金의 기운의 매우 강하고, 이를 生하는 土 또한 강하여 전반적으로 차갑고 건조한 기운이 두드러진다. 마침 연주의 火가 사주 전체에 따뜻한 온기를 불어넣어 균형을 맞춰 주는 핵심적인 역할을 하고 있다. 따라서 이 사주의 모든 장점은 연주의 강한 관성에서 시작된다고 볼 수 있다. 연주는 초년운을 의미하는데, 강한 관성은 초년기의 다소 넉넉지 못한 환경을 의미할 수 있다. 그러나 이 관성의 기운이 월간의 인성으로 흘러 관인상생(官印相生)을 이루어, 초년기의 어려움을 학업이나 자기 계발의 동기로 연결하고 있다.

또한 일간은 시간의 정재와 乙庚합을 이루고 있어, 안정적이고 고정적인 재물을 추구하려는 마음이 강하다. 특히 시주는 말년을 의미하는데 木이 희신이므로, 인생 후반부로 갈수록 경제적인 여유를 누릴 수 있을 것이다. 그러나 사주에 水식상(食傷)이 없어 일간이 재물을 만들어 내는 과정이 막혀 있어 재물로 원활하게 연결되지 못하는 것과, 시지가 酉金인 절지(絶地)에 해당하여 재성의 뿌리가 끊어진 것이 많이 아쉽다. 결국 이 사주는 강한 관성을 바탕으로 조직 내에서 높은 지위에 올라 안정적인 수입을 추구하는 것이 최선이라고 할 수 있다.

8

辛일간

辛金이 일간에 있으면 겁재(劫財)의 성향을 가진다. 겁재는 '재물을 겁탈한다'는 의미이지만 실제로는 손해 보는 것을 싫어한다는 뜻으로 해석한다. 辛金은 음간(陰干)이어서 庚金에 비해 내향적이고 이성적으로 보이지만 자존심과 경쟁심은 더 강하다.

庚金이 '자기장'이라면 辛金은 '자기력'이다. 전기가 흐르는 두 도체에 전류가 같은 방향으로 흐르면 서로 잡아당기는 인력(引力)이 발생하고, 다른 방향으로 흐르면 척력(斥力)이 발생한다. 辛金은 자기력의 작용과 비슷하게 자기편인 사람에게는 최선을 다하지만, 그렇지 않으면 냉정하게 밀어 버리는 성질도 있다. 辛金은 다음과 같은 특징을 보인다.

1. 辛金은 숙살지기(肅殺之氣)의 냉철한 기운이 있다.

2. 辛金은 추수가 끝나 땅에 떨어진 잘 익은 열매이다.

3. 辛金은 잘 익은 열매처럼 확고한 주관이 있다.

4. 辛金은 자존심이 손상되는 것에 매우 민감하다.

5. 辛金은 자신을 보호하려는 강한 방어기제가 있다.

6. 辛金은 빼앗기지 않으려는 기질이 강하다.

7. 辛金은 디테일과 완성도를 중요하게 생각한다.

8. 辛金은 주변 환경이나 타인의 말과 행동에 민감하다.

9. 辛金은 현실적이고 실리적인 성향이다.

10. 庚金이 단단한 성질이라면, 辛金은 날카로운 성질이다.

11. 庚金이 투박한 모습이라면, 辛金은 세련된 모습이다.

12. 庚金이 결단력이라면, 辛金은 신중함과 치밀함이다.

13. 庚金은 독립적이고, 辛金은 자기편을 만들려고 한다.

14. 庚金은 리더형이고, 辛金은 참모형이다.

15. 庚金은 丁火의 도움이, 辛金은 壬水의 도움이 필요하다.

辛丑

辛은 겁재 성향이고, 丑은 辛의 편인이다.
丑의 지장간은 癸, 辛, 己로 辛의 식신, 비견, 편인이다.
辛丑일주는 辛金 겁재가 기본적인 심리다.

① 기본 심리 분석

辛丑은 음력 12월 한겨울에 땅속에 묻혀 있는 씨앗과 같다. 씨앗 속에는 지나온 사계절의 시간이 모두 응축되어 있으며, 새로운 모습으로 탄생하려는 희망을 품고 있다. 또한 씨앗의 단단한 껍질은 한겨울의 매서운 추위를 이겨낼 지혜와 끈기를 상징한다.

辛丑일주는 겁재와 편인의 성질을 지니고 있어, 자신의 것을 지키려는 의지와 자기 생각에 깊이 몰두하는 특성이 두드러진다. 이는 자기 영역과 자기 관심사 외에는 크게 신경 쓰지 않는 경향으로 나타난다. 이는 마치 한겨울에 씨앗이 자신의 생명을 굳건히 보존하려는 모습과 닮아 있다.

辛丑은 자신과 마음이 맞는 이에게는 최선을 다하지만, 맞지 않는 사람과는 과감하게 관계를 정리하는 냉철함도 있다. 辛丑은 사람에 대한 호불호가 매우 명확하고 그 감정이 강하게 표현된다.

십이지신 중 소에 해당하는 辛丑일주는 밭에서 묵묵히 일하는 소처럼 조용하고 성실하게 자신의 목표를 향해 정진한다. 비록 戊土나 庚金처럼 우직하고 듬직한 모습과는 다소 차이가 있지만, 강한 자존심과 뛰어난 경쟁심을 바탕으로 특정 분야에 깊이 몰두하는 기질을 보인다. 다만, 辛丑일주가 조직 생활에 자기 역량을 온전히 펼치기 위해서는 火관성의 도움이 필요하다.

② 실제 사주를 통한 심리 분석

시주	일주	월주	연주
	辛 겁재	壬 상관	
	丑 편인	寅 정재	

辛丑일주 남성이다. 연주는 火기둥이고 시주는 金木인 신약사주다. 용신은 土이고 희신은 火이다.

사주에서 월주는 그 사람의 사회성과 대인관계를 볼 수 있는 중요한 부분이다. 월간에 壬水 상관이 자리하여 뛰어난 언변으로 자신의 능력을 적극적으로 표현하려는 성향을 보이며, 동시에 월지에는 寅木 정재가 있어 대인관계를 주도적으로 이끌어 가려는 특성을 지니고 있다. 이처럼 월주가 식생재(食生財)의 흐름을 이룬다는 것은, 자신의 뛰어난 재능과 능력을 발휘할수록 재물이 자연스럽게 따라붙는 길한 구조를 의미한다.

겉으로는 차분하고 냉철해 보이지만, 내면에는 강한 의지와 끈기, 자존심을 품고 있어 한 번 목표를 정하면 끝까지 파고드는 집념이 강한 대기만성형이다. 여기에 일지 편인의 기질이 더해져 특정 분야에 깊이 파고드는 전문가 기질도 뛰어나다.

연주에는 정관과 편관이 강하게 자리해 조직 생활에 잘 적응하며, 주어진 임무를 책임감 있게 처리하는 모습을 보인다. 또한 일간부터 시작된 生의 흐름이 연지까지 자연스럽게 흘러가는 식생재와 재생관(財生官)의 구조로 인해 직장 운도 좋은 편이다. 다만 신약사주의 강한 관성은 자신을 통제하고 억압하는 힘이 커서, 상당한 압박감이나 스트레스로 나타날 수 있으므로, 명상과 같은 훈련을 통해 마음의 여유와 편안함을 유지하려고 노력하는 것이 중요하다.

辛卯

辛은 겁재 성향이고, 卯는 辛의 편재이다.
卯의 지장간은 乙로 辛의 편재이다.
辛卯일주는 辛金 겁재가 기본적인 심리다.

① 기본 심리 분석

辛卯일주는 한겨울을 이겨내고 봄부터 들녘을 가득 메우고 있는 왕바랭이에 비유할 수 있다. 길고 뾰족한 잎을 가진 이 잡초는 어린 시절 들판에서 뛰어놀다가 날카로운 잎에 다리가 베이거나, 꺾으려다 손가락을 베었던 기억을 떠올리게 할 정도로 강한 인상을 준다. 왕바랭이가 한 번 땅에 뿌리를 내리면 걷잡을 수 없이 빠르게 번지고 제초를 해도 끈질기게 다시 솟아나는 강력한 생명력을 지닌 것처럼, 辛卯도 쉽게 꺾이지 않는 강인함과 뛰어난 생존력을 가지고 있다.

辛卯일주는 辛丑일주와 마찬가지로 사람에 대한 호불호가 매우 분명하다. 자신과 가까운 이들에게는 卯木의 천진난만하고 순수한 모습을 아낌없이 보여주지만, 반대로 자신에게 해를 끼치거나 마음에 들지 않는 사람에게는 辛金의 날카롭고 단호한 성질을 드러낸다. 왕바랭이의 뾰족한 잎처럼 속이 좁고 까칠한 면모를 보이기도 하며, 이러한 기질 때문에 감정의 기복이 심하거나 심리적으로 다소 불안정한 모습을 드러낼 수도 있다.

辛卯는 음간음지(陰干陰支)이고 겁재 및 편재여서, 겉으로는 조용해 보여도 자기 실속을 빈틈없이 챙기며 자기 영역을 철저히 관리하는 특징을 지닌다. 이처럼 강한 경쟁심과 활동적인 기질을 지닌 辛卯는 사무직보다는 영업직과 같이 활발한 대인 관계나 적극적인 업무 추진이 요구되는 분야에서 역량을 발휘할 수 있다.

② 실제 사주를 통한 심리 분석

시주	일주	월주	연주
	辛 겁재	癸 상관	
	卯 편재	巳 정관	

辛卯일주 남성이다. 연주는 金기둥이고 시주는 金木인 신약사주다. 이 사주는 비록 신약이지만, 비겁이 세 개나 있는 비다(比多)여서 용신은 火가 최적이다. 희신은 木이 된다.

강한 욕심과 추진력을 지닌 辛卯일주가 비다로 되면 자칫 안하무인격(眼下無人格)으로 흐를 수 있다. 하지만 이 사주에서는 월지에 강력한 巳火가 비겁들의 과도한 기운을 적절히 제어해 주고 있어, 조직 생활을 원만하게 이끌어 가는 데 도움을 주는 용신(用神) 역할을 하고 있다. 그리고 월간의 癸水 상관은 일간의 능력을 효과적으로 드러내는 역할을 한다. 이 사주처럼 월주에서 상관과 정관이 조화롭게 작용하게 되면 직장에서 능력 있는 사람으로 인정받을 가능성이 크다.

한편, 이 사주는 비다이면서 무인성(無印星)의 구조이다. 이것은 타인의 조언에 귀를 기울이기보다는 자신의 고집대로 일을 추진하려는 성향이 두드러진다. 더욱이 일지와 시지에 木재성까지 강하게 자리 잡고 있어, 깊이 숙고하기 보다는 자신의 생각과 주장을 더욱 강력하게 밀어붙여 목표를 빠르게 달성하려는 성향이 더욱 강하다. 비록 월지에 정관이 있기는 하지만, 비겁과 재성의 기운이 워낙 강하기 때문에 사무직보다는 직접 부딪히고 개척해 나가는 영업직군이 본인의 성향과 역량을 펼치는 데 훨씬 적합할 것이다.

> # 辛巳
>
> ════════════════════════════
>
> 辛은 겁재 성향이고, 巳는 辛의 정관이다.
> 巳의 지장간은 庚, 丙으로 辛의 겁재, 정관이다.
> 辛巳일주는 辛金 겁재가 기본적인 심리다.

① 기본 심리 분석

　辛巳는 음력 4월의 뜨거운 태양 아래 맵게 익어 가는 붉은 고추의 강렬한 이미지를 떠올리게 한다. 이것은 巳가 작열하는 태양을 의미하고, 辛은 '맵다'라는 뜻을 가지고 있기 때문이다. 붉은 고추처럼, 辛巳는 주변의 시선을 단번에 사로잡는 매력과 뜨거운 에너지를 함께 지니고 있다. 특히 辛巳일주 여성은 풍부한 감성과 매력으로 이성의 주목을 받지만, 일지 정관의 작용으로 좋은 인연을 만나 안정감을 찾으려는 심리 또한 강하다.
　그러나 辛金 특유의 예민함과 巳火의 폭발적인 기질이 공존하기에, 자신에게 무례하거나 마음에 들지 않는 사람에게는 매우 까칠하고 단호한 모습을 보이기도 한다. 이처럼 辛巳는 좋고 싫음을 명확하게 드러내는 일주이다.

辛巳일주가 자신의 잠재력을 온전히 발휘하기 위해서는 사주원국에서 水식상과 습토(濕土) 인성의 도움이 필수적이다. 사주에 水식상이 있다면 巳火의 강한 열기와 정관의 통제성을 적절히 제어하여 자신의 능력을 자연스럽게 발휘할 수 있는 길을 열어 준다. 또한 습토는 火의 열기를 흡수하여 金을 생조(生助)하는 '소통'의 역할을 한다. 더불어 습토는 辛金일간의 든든한 뿌리가 되어 주는 안정적인 기반이 되어 준다. 자신을 지지해 주는 튼튼한 기반이 생겨야만 비로소 자신의 명예(官)를 누릴 수가 있게 된다.

② 실제 사주를 통한 심리 분석

시주	일주	월주	연주
	辛 겁재	戊 정인	
	巳 정관	戌 정인	

辛巳일주 여성이다. 연주는 金土이고 시주는 金木인 신강사주다. 용신은 시지의 木이고, 희신은 水이지만 원국에는 없다.

이 辛巳일주는 사주에 건토(乾土) 세 개와 金비겁 두 개를 가지고 있으나, 水가 전혀 없어 조열한 구조를 이루고 있다. 辛金일간은 식상인 壬水나 癸水로 자신의 재능을 빛내야 하는데, 水가 없어 답답함을 느끼게 하며, 이는 추진하는 일들이 뜻대로 풀리지 않는 상황으로 해석될 수 있다. 이런 경우는 대운이나 세운에서 水운이 들어와야 비로소 편안해질 수 있게 된다.

　辛巳일주는 대체로 수려한 용모와 뛰어난 역량을 지니는 경우가 많지만, 토다(土多)와 비다(比多)의 구조가 되면 자기 생각에 갇히는 경향을 보인다. 만일 대운이나 세운에서 木재성운이 오게 되면, 과다한 인성을 효과적으로 제어하여 사주에 활력을 불어넣어 줄 것이다.

　辛金이 戌月生이면 자기 계절에 태어난 것이어서 자존감이 높고 주체성이 강한 성향을 보인다. 그러나 사주에 인성이 과도하게 많을 경우, 자기 능력을 적극적으로 발휘하기보다 타인의 도움에 의존하는 경향을 보일 수 있다. 주변에 늘 조력자가 있어서 비교적 편안한 삶을 추구하려는 성향이 나타나기 쉬우며, 이러한 특성은 높은 학력을 지녔음에도 불구하고 자신의 능력에 걸맞은 직장을 얻지 못하는 하나의 요인이 되기도 한다.

辛未

辛은 겁재 성향이고, 未는 辛의 편인이다.
未의 지장간은 丁, 乙, 己로 辛의 편관, 편재, 편인이다.
辛未일주는 辛金 겁재가 기본적인 심리다.

① 기본 심리 분석

辛未는 뜨거운 대지 위에서 곡식과 과일이 한창 무르익는 시기에 비유될 수 있다. 未月은 여름의 뜨거운 열기를 가장 많이 품고 있는 때이기에, 좋은 결실을 맺기 위해서는 이 시기의 어려움을 슬기롭게 이겨내야만 한다. 그래서 辛未일주는 미래의 성공을 위해 인내와 노력하는 기질을 타고났다.

일지에 편인을 두면 자신에게 도움이 되는 것이 무엇인지 빨리 알아차리는데, 辛未는 다른 편인과는 약간 다른 면모를 보인다. 未土의 지장간은 木生火의 흐름으로, 편관의 기운을 강하게 품고 있다. 이에 따라 未土는 비록 辛金의 편인이지만 강한 편관성까지 띠게 된다. 결과적으로 辛未일주는 辛金 본연의 날카로운 성격에 편관의 긴장감과 예민한 성질이 더해진 일주라고 할 수 있다.

辛金은 속이 꽉 찬 열매나 아름답게 세공된 보석의 물상을 상징하여, 수려한 용모와 총명함을 겸비한 경우가 많다. 그러나 辛未는 편인의 대표적 성질인 '의심성'을 가지고 있어 자신의 생각과 능력을 타인에게 쉽게 드러내려 하지 않는다. 또한 자신의 관심사가 아닌 일에는 크게 관여하지 않으므로, 때로는 이기적이라는 평가를 받기도 한다. 그래서 辛未는 사주원국에 壬水나 癸水가 있어야 비로소 여유로운 마음과 원만한 사교성을 가질 수 있게 된다. 하지만 주위 사람들에게 적극적으로 다가가려는 노력은 반드시 필요하다.

② 실제 사주를 통한 심리 분석

시주	일주	월주	연주
	辛 겁재	癸 식신	
	未 편인	巳 정관	

辛未일주 여성이다. 연주는 金火이고 시주는 水火인 신약사주다. 용신은 일지의 土이고 희신은 金이다.

辛金이 거대한 巳火에 둘러싸여 있는 형국으로, 관다신약(官多身弱)의 구조를 이룬다. 정관이 세 개나 있어 매우 이성적이고 합리적인 사람이며, 규칙과 질서를 존중하고 주어진 책임을 완벽하게 수행하려는 의지 또한 강하다. 어렸을 때부터 '반듯하다' 또는 '책임감 있는 모범생'이라는 평을 많이 들었다. 그러나 사주가 관다(官多)이면 심리적 압박감과 긴장감이 심하고, 사소한 일에도 쉽게 스트레스를 받는다. 辛金 자체도 예민한 성질인데, 관다로 인해 작은 변화에도 민감하게 반응하고 상처받기 쉽다. 겉으로는 무심한 척해도 속으로는 수많은 생각을 곱씹는 경향이 있다.

월간과 시간에는 癸水 식신이 있어서 표현력과 창의성이 뛰어난 사람이지만, 강한 화기(火氣)로 인해 水의 힘이 약한 것이 다소 아쉽다. 이 사주에서 水는 비록 한신(閑神)이지만 희신급의 훌륭한 역할을 하며, 水운도 아주 좋게 작용할 것이다.

이 사주는 시련을 통해 더욱 단단해지는 보석과 같다. 일지가 편인이고 용신이기에 배움(土)을 통해 내면을 더욱 충실히 하고, 좋은 친구(金)들과 함께한다면 반드시 좋은 결과를 얻을 사주이다.

辛酉

辛은 겁재 성향이고, 酉는 辛의 비견이다.
酉의 지장간은 辛으로 辛의 비견이다.
辛酉일주는 辛金 겁재가 기본적인 심리다.

① 기본 심리 분석

辛酉는 음력 8월, 무르익어 땅에 떨어진 탐스러운 밤송이와 같다. 밤송이 안에는 영양 가득한 밤알이 들었지만, 뾰족한 가시를 두르고 있어 아무에게나 쉽게 자신을 허락하지 않는다.

辛酉일주는 윤기 흐르는 밤알처럼 뛰어난 외모와 단정한 성품을 지닌 경우가 많다. 하지만 단단한 밤 껍질처럼 쉽게 속마음을 내보이지 않는 도도함과 강한 자존심을 지녔고, 밤송이의 뾰족한 가시처럼 때로는 냉철하고 예리한 면모를 보이기도 한다. 특히 辛酉는 간지가 겁재와 비견으로 이루어져, 60일주 중에서도 유달리 강한 고집을 보인다. 만일 辛酉 여자를 아름다운 외모만 보고 좋아한다면, 그 속에 감춰진 강인함과 고집에 놀랄 수 있다. 辛酉 남자는 깔끔하고 신사적인 면모를 보이지만 속에는 아주 민감하고 섬세한 기질도 있다.

辛金은 겁재이고 酉金 또한 본성은 겁재여서, 남에게 지지 않으려는 강한 승부욕을 지니고 있다. 이러한 섬세한 성격과 경쟁심으로 인해 한 분야에서 최고가 되고 싶은 의지도 강하다. 그러나 辛酉는 집처럼 아주 편안한 자리나 가까운 친구들 앞에서는 평소 모습과 달리 의외로 천진난만하고 순수한 모습을 보이기도 한다. 하지만 강한 자존심에 상처를 입게 되면, 상대를 완전히 단절하거나 현실에서 도피하는 것과 같은 다소 극단적인 반응을 보일 수도 있다.

② 실제 사주를 통한 심리 분석

시주	일주	월주	연주
	辛 겁재	庚 겁재	
	酉 비견	戌 정인	

辛酉일주 여성이다. 연주는 水金이고 시주는 水土인 신강사주다. 용신은 火관성이 좋지만 원국에는 없어, 연간과 시간의 水식상을 용신으로 쓴다.

辛金이 자기 계절인 戌月에 태어났고, 일지와 월지, 연지도 신유술(申酉戌) 金방합을 이루어 매우 강한 金기운을 형성하고 있다. 여기에 천간의 水상관이 강하게 작용해서 금수상관(金水傷官)의 구조를 띠고 있다. 강한 금수상관은 매우 총명하고 탁월한 표현력과 분석력을 특징으로 한다.

하지만 辛金일간에 비다(比多)이고 인성도 강해, 자기 고집과 주관이 매우 확고한 성향이다. 이런 구조에서는 丙火가 사주에 있어야 강한 金기운을 제어하여 사회생활을 원만하게 이끌 수 있지만, 아쉽게도 한 점의 화기(火氣)도 없는 무관(無官) 사주이다.

전통적인 명리학 관점에서는 무관 사주를 배우자(남편)와의 인연이 없거나 남편 복이 부족한 것으로 해석하지만, 현대에 들어서는 배우자에게 의존하지 않고 주체적으로 자신의 직업과 삶을 개척해 나가는 여성으로 해석한다.

사주에 상관은 강한데 관성이 없다면, 정해진 규칙이나 권위에 순응하는 것을 다소 답답하게 느낀다. 이러한 성향은 일반적인 직장 환경이나 특히 위계질서가 명확한 조직과는 잘 맞지 않을 수 있다. 따라서 자신의 뛰어난 능력과 재능을 자유롭게 발휘할 수 있는 조직이 본인의 성향에 더 적합할 것이다.

辛亥

辛은 겁재 성향이고, 亥는 辛의 상관이다.
亥의 지장간은 甲, 壬으로 辛의 정재, 상관이다.
辛亥일주는 辛金 겁재가 기본적인 심리다.

① 기본 심리 분석

辛亥는 추수를 모두 마친 음력 10월, 내년 농사를 위해 좋은 씨앗을 보관해 둔 것과 비슷하다. 소금물(亥)에 볍씨(辛)를 넣으면 속이 꽉 찬 좋은 볍씨는 수면 아래로 가라앉고 쭉정이들은 위로 뜬다. 이렇게 잘 고른 볍씨를 잘 말려 소중히 보관하듯, 辛亥일주도 자신만의 소중한 가치를 지니고 있다.

辛亥는 일지가 상관이고 지장간에는 甲木 정재를 두었다. 일지가 상관이면 대체로 총명한 경우가 많으며, 지장간에 정재가 더해져 매사를 꼼꼼하고 정확하게 처리한다. 辛亥는 60일주 중에서 머리가 가장 좋은 일주에 속한다.

상관은 자신이 가진 것을 주변과 나누려는 성향으로 나타난다. 이로 인해 辛亥일주는 다른 辛金과는 달리 비교적 덜 냉정하고 유연한 모습을 보인다. 그러나 그렇다고 하여 辛金 본연의 성질이 사라지는 것은 아니다. 辛亥가 겉으로는 좋은 사람으로 비치지만, 때로는 날카롭거나 냉철한 기운을 보이는 것은 辛金의 본래 성정에서 비롯된 것이다. 辛亥는 남에게 피해를 끼치는 것을 아주 싫어하지만, 자신이 손해 보는 것 또한 용납하지 않는 단호함이 있다. 辛亥의 겉모습만 보고 섣불리 대하거나 함부로 행동한다면 낭패를 볼 수 있다. 辛亥는 주위 사람들과 불필요하게 척을 지지는 않지만, 사람에 대한 평가는 명확하고 냉철하게 한다. 그래서 진정한 외유내강은 辛亥일 수 있다.

② 실제 사주를 통한 심리 분석

시주	일주	월주	연주
	辛 겁재	壬 상관	
	亥 상관	子 식신	

辛亥일주 여성이다. 연주는 火기둥이고 시주는 水土인 신약사주다. 용신은 시지의 土이고 희신은 연주의 火이다.

이 사주는 시간에도 水가 있어 일간이 온통 水로 둘러싸인 수다금침(水多金沈)의 형국이다. 더구나 음력 11월 子月生이어서 사주 전반에 한기(寒氣)가 가득하다. 다행히 연주의 火가 사주에 온기를 불어넣어 주고, 시지의 土는 강력한 수기(水氣)를 잡아주어 사주의 균형을 어느 정도 맞추고 있다.

하지만 수다금침이면 생각이 많고 감정의 파고가 높아 예민한 감수성을 지닐 수 있다. 또한 강한 상관성은 겉으로는 매우 총명하고 매력적인 인상을 주지만, 실제로는 기존 틀이나 규범에 얽매이는 것을 아주 싫어하는 성향으로 나타날 수 있다. 그러나 일간의 힘이 무력하여 이상과 현실에서 오는 괴리감으로 내적 갈등이나 무력감을 느낄 가능성도 높다.

하지만 50대 이후에는 시주의 土용신의 힘이 점차 강해지면서 직장 내에서 큰 도움을 주는 귀인이 나타날 수 있다. 그러므로 그때까지 참고 인내한다면 분명 좋은 결실을 볼 수 있을 것이다. 특히 대운이나 세운으로 건토(乾土)인 未土나 戌土가 들어오는 것도 아주 길할 것이다. 한편, 연주의 관성은 사회생활을 원만하게 이끌지만, 무재(無財) 사주여서 추진력은 다소 약할 수 있다.

9

壬일간

 壬水를 물상으로 보면, 지구의 대기(大氣)나 넓고 깊은 강 또는 바다에 비유할 수 있다. 대기는 넓게 퍼지는 확산성을 가지며, 물은 유유히 흘러가는 유연함을 지니고 있다. 이 둘은 모든 물질에 자연스럽게 스며들어 융화되는 공통점이 있다.

 水는 오상(五常) 중 '지(智)'를 상징하고, 모든 것을 받아들이고 저장하는 총명함의 근원이 된다. 겉으로는 쾌활하고 스케일이 커 보이지만 속 깊고 비밀스러운 기질이 있다.

 壬水는 식신(食神)과 비슷한 성질이 있다. 식신은 생존을 위한 '먹는 본능'이자 종족 보존을 위한 '생식 본능'으로서, 편관과 더불어 생명 유지를 위한 가장 근원적인 기질이다. 壬水는 다음과 같은 특징을 가진다.

1. 壬水는 한곳에 얽매이지 않고 관심사가 다양하다.
2. 壬水는 어떤 환경이나 조직에도 유연하게 적응한다.
3. 壬水는 유한 듯 보여도, 강인한 생명력과 끈기가 있다.
4. 壬水는 거대한 강물처럼 쾌활하고 낙천적인 성향이다.
5. 壬水는 표현력이 좋고 소통에 능하고 사교적이다.
6. 壬水는 오행 중 지혜를 상징하며, 통찰력과 총명함이 있다.
7. 壬水는 유연한 사고로 창의력과 예술적 감각이 있다.
8. 壬水는 상황에 맞게 자신을 변화시키는 능력이 뛰어나다.
9. 壬水는 확산 기질로 인해 대인관계는 넓지만, 깊지는 않다.
10. 壬水는 깊은 바닷물처럼, 속마음을 쉽게 드러내지 않는다.
11. 壬水는 비밀이 많거나 음흉하게 보일 수 있다.
12. 壬水가 생명의 본질인 '물'이어서, 생식 본능이 강하다.
13. 壬水는 양육 본능이 있어, 잘 베풀고 잘 먹는다.
14. 壬水는 사주에 戊土의 도움이 필요하다.
15. 모든 강물이 바다로 향하듯, 壬水는 스케일이 크고 포부가 원대하다.

壬子

壬은 식신 성향이고, 子는 壬의 겁재이다.
子의 지장간은 癸로 壬의 겁재이다.
壬子일주는 壬水 식신이 기본적인 심리다.

① 기본 심리 분석

壬子일주는 큰 물을 상징하는 壬水와 작은 물을 나타내는 子水가 만나 강력한 물의 기운을 형성하고 있다. 이것은 마치 중국의 황하(黃河)와 같은 웅장한 인상을 준다. 황하는 마실 물과 농업에 필요한 용수를 공급하는 생명수인 동시에, 물고기와 같은 풍부한 먹을거리도 제공한다. 그러나 황하가 때로 범람하여 주변의 모든 것을 집어삼키는 무서운 파괴력을 드러내듯이, 사람들은 그제야 비로소 壬子의 무서운 힘을 깨닫게 된다.

壬子는 '강강약약(强强弱弱)'의 기질을 가지고 있다. 평상시에는 온화하고 친근하며 부드러운 모습을 보이지만, 부당하거나 도전적인 상황에 직면했을 때는 강력하고 단호하게 대응하는 이중적인 면모를 보인다. 흔히

'너 오늘 임자 제대로 만났다'라는 표현의 '임자'가 바로 壬子인 것이다. 壬子의 유한 겉모습만 보고 경솔하게 대했다가는 임자 만난 격이 될 수 있다.

壬水는 식신의 특성상 베풀고 나누기를 잘하는 편이지만, 壬子일주는 일지에 겁재를 두어 자신의 실리를 우선시하는 경향이 강하다. 자신에게 여유가 생겼을 때 비로소 주변과 나누려는 특성을 보인다. 한편, 壬子는 수기(水氣)가 강한 식신이어서 성적인 에너지가 발달하는 경향을 보인다. 따라서 壬子일주는 남녀 모두 행동에 신중을 기할 필요가 있다.

② 실제 사주를 통한 심리 분석

시주	일주	월주	연주
	壬 식신	乙 상관	
	子 겁재	巳 편재	

壬子일주 남성이다. 연주는 水기둥이고 시주는 木土인 신강사주다. 용신은 木이고 희신은 火이다.

이 사주는 연주와 일주가 모두 壬子로 구성되어 있어, 강력한 수기(水氣)와 더불어 강한 양인살(羊刃殺)을 지니고 있다. 비다(比多)와 두 개의 양인살은 권력욕과 리더십, 그리고 카리스마를 발휘하며, 독립적인 성향도 매우 강하게 드러낸다. 명확한 목표 의식과 탁월한 추진력은 물론, 강한 경쟁심까지 겸비하여 매사를 주도적으로 이끌려는 힘을 보여준다.

壬子일주가 巳火의 여름철에 태어나면, 壬水의 사교성에 여름의 활동성이 더해져 뛰어난 대인관계 능력을 보이는 경우가 많다. 특히 巳火가 재성이고 비겁이 과다한 군겁쟁재(群劫爭財)의 구조를 형성하면 큰 재물을 이루려는 강한 욕망을 가지게 되는데, 이는 신강사주와 맞물려 그 가능성을 더욱 높일 것이다. 여기에 월주가 식생재(食生財)로 흘러가서 자신의 창의적인 아이디어를 재물로 연결시키는 능력이 뛰어나, 젊은 나이에 사업적 성공을 거둘 잠재력도 매우 큰 사주이다.

50대 중후반 이후로는 辰土 편관의 힘이 강해지면서 일간의 강한 기운을 통제하고 절제하려는 노력을 기울이게 된다. 이는 자신의 강한 역량을 조절하며 사회적 지위를 확고히 하려는 의지로 나타난다.

壬寅

壬은 식신 성향이고, 寅은 壬의 식신이다.
寅의 지장간은 丙, 甲으로 壬의 편재, 식신이다.
壬寅일주는 壬水 식신이 기본적인 심리다.

① 기본 심리 분석

壬寅은 얼음이 녹아 흐르는 따뜻한 초봄, 맑은 물소리를 내며 흘러가는 강물의 정경을 떠올리게 한다. 마치 봄날 섬진강 언덕에 하얗고 붉게 핀 매화가 은은하면서도 달콤한 향기로 사람과 벌을 취하게 만드는 듯한 느낌을 준다.

壬寅 여성은 매혹적인 매화향처럼 사람을 끌어당기는 성적 매력과, 남성적인 힘과 여성적인 섬세함을 동시에 지니고 있어 이성으로부터 폭넓은 인기를 얻는다.

壬寅은 간지가 모두 식신으로 구성되어 속의 에너지를 외부로 표출하려는 성향이 강하다. 또한 겉으로는 부드러워 보이지만 속에는 강인함을 품고 있다. 이런 이유로 壬寅은 자기 생각을 명확히 드러내며 호불호 또한 분명한 편이다. 그러나 壬寅이 신약사주라면 에너지를 계속 발산하려는 성향이 정신적인 피로감으로 쉽게 이어질 수 있다. 그래서 부족한 기운을 보충하기 위해 혼자 조용히 머무르며 스스로를 충전하려는 경향도 보인다.

寅木의 지장간인 甲木은 성장과 발전의 강한 욕구가 있고, 편재의 본성으로 인해 주도적으로 일을 추진하려고도 한다. 또한 寅木은 壬水의 生을 받아 기운이 강한 상태이므로, 壬寅일주는 자신의 의견을 솔직하고 거침없이 드러내는 경향이 있다. 이는 자신의 의도와 다르게 상대방에게 불편함을 줄 수도 있으니, 언행에 더욱 신중을 기할 필요가 있다.

② 실제 사주를 통한 심리 분석

시주	일주	월주	연주
	壬 식신	辛 정인	
	寅 식신	酉 정인	

壬寅일주 남성이다. 연주는 土金이고 시주는 金水인 신강사주다. 인성 과다여서 용신은 火가 최적이지만 원국에는 없어서 木을 용신으로 삼는다.

지혜롭고 스케일이 큰 壬寅일주이지만, 월지에 정인을 둔 정인격에 인성마저 과다한 상태로 되어 불필요한 근심이 많아져 행동에 망설임이 커질 수 있다. 그런데 壬水일간이 시지 子水에 뿌리를 내리고 있어 자존심은 강한 상태이다.

  이 사주에서 일지의 寅木 식신은 일간의 강한 기운을 적극적으로 배출하는 중요한 역할을 하고 있으며, 연간의 土관성 또한 일간을 어느 정도 제어하고 있다. 그러나 일지는 월지의 헨을 받고 있으며, 土관성은 강한 금기(金氣)에 기운이 설기(洩氣)되어 그 힘을 충분히 발휘하기 어려운 상황이다. 이것은 자신의 능력을 발휘하여 조직에서 성공하고자 하는 열망은 크지만, 현실에서는 뜻대로 되지 않아 답답함을 느낄 수 있음을 암시하는 것이다.

  따라서 금다(金多)인 사주에서는 火가 있어야 강한 인성을 효과적으로 제어하고 사주의 균형을 잡아줄 수 있게 된다. 그러한 균형이 이루어져야 비로소 활동적이고 자기 주도적인 삶을 영위할 수 있는데, 이 사주에는 火가 없다는 점이 큰 아쉬움으로 남는다. 다만, 대운이나 세운으로 火운이 오게 되면 사회생활이 더 편해지고 순조로워질 수 있다.

壬辰

壬은 식신 성향이고, 辰은 壬의 편관이다.
辰의 지장간은 乙, 癸, 戊로 壬의 상관, 겁재, 편관이다.
壬辰일주는 壬水 식신이 기본적인 심리다.

① 기본 심리 분석

壬辰은 강변의 비옥한 논과 비슷한 느낌을 준다. 강변의 논은 토양이 기름지고 물 대기가 쉬워 곡식이 자라는 데 유리한 지형이지만, 강이 범람하면 큰 피해를 입을 수도 있기에 제방 관리에 각별한 주의가 필요하다. 壬辰도 역시 자기 조절과 관리가 중요한 일주이다.

壬辰일주는 간지에 식신과 편관을 두어 총명하며, 직장 생활에 성실히 임하는 스타일이다. 지장간에 乙木이 있어 성장과 발전을 추구하며, 癸水 겁재도 있어 직장 내 경쟁에도 민감하게 반응한다. 특히 상사에게 좋은 인상을 주려는 성향이 강해, 자신의 이미지 관리에도 신경을 많이 쓰는 편이다.

그러나 일지에 辰土 편관을 두게 되면, 조직 생활은 잘하지만 성격이

다소 민감할 수 있다. 인내심이 좋아서 웬만한 상황은 잘 참고 넘기지만, 자존심에 상처를 입게 되면 한순간에 폭발해 버리는 성질 또한 있다. 이는 마치 강변의 비옥한 논이 강의 범람에는 매우 취약한 것과 비슷하다.

壬辰 여자는 조용한 듯 보여도 남성적인 기운을 가지고 있어, 다른 여자 동료들보다 카리스마가 있는 사람으로 평가받는다. 그러나 다른 壬水 일주들과 마찬가지로 자신의 속마음을 쉽게 드러내지 않아, 깊은 관계를 맺는 사람은 많지 않다. 壬辰일주는 보이는 이미지와는 달리 결코 만만한 사람이 아니다.

② 실제 사주를 통한 심리 분석

시주	일주	월주	연주
	壬 식신	辛 정인	
	辰 편관	未 정관	

壬辰일주 여성이다. 연주는 土金이고 시주는 水木인 신약사주다. 용신은 金이고 희신은 木이다.

이 사주의 가장 큰 특징은 土관성이 과다하다는 것이다. 관성의 기본적인 역할은 위험을 적극적으로 피하거나 극복하여 자신의 안전을 도모하고, 대인관계와 조직 생활을 원만하게 이끄는 데 있다. 하지만 사주에 관성이 지나치게 많으면 오히려 관성의 단점이 더 드러나서 신경이 예민해지고 스트레스에 취약해질 수 있다. 또한 원칙을 지나치게 따져 고지식하거나 융통성이 부족하다는 평가를 받기도 한다.

이 사주는 관성과다(官星過多)이지만 월간의 辛金이 연간과 월지의 土를 설기(洩氣)하고, 시지의 木식상 또한 일지의 辰土를 극(剋)하여 강한 관성의 기운을 효과적으로 조절하고 있다. 아울러 관인상생(官印相生)의 구조를 이루어 직장 생활에서 매우 현명하게 대처한다는 평가도 받는다.

시지의 木상관은 일간의 재능을 표출하는 중요한 역할을 하고 있다. 관인상생의 구조가 시지의 희신으로 흘러가서 말년 운세가 좋고, 시지가 자식궁이어서 자식을 통해 큰 보람과 활력도 얻을 수도 있다. 다만 이 사주에는 火재성이 없어 현실적인 결과물을 만드는 데는 다소 약한 면을 보인다.

> # 壬午
>
> ━━━━━━━━━━━━━━━━━━━━━━
>
> 壬은 식신 성향이고, 午는 壬의 정재이다.
> 午의 지장간은 丁으로 壬의 정재이다.
> 壬午일주는 壬水 식신이 기본적인 심리다.

① 기본 심리 분석

 壬午는 한여름, 강원도 동강의 시원하고 힘찬 물줄기를 연상케 한다. 뜨거운 태양은 싫지만 동강의 래프팅과 물놀이는 즐겁고 신나는 일이듯이, 壬午일주 또한 반전 매력이 있는 일주이다. 이는 壬水의 영향으로 속마음을 쉽게 드러내지 않는 성향과 午火처럼 밝고 적극적인 겉모습이 공존하기 때문이다. 壬午는 깊고 진지한 관계보다는 여름의 물놀이처럼 가볍고 즐거운 관계를 더 선호하는 특징이 있다.
 더불어, 壬午는 간지가 식신과 정재로 되어 자신의 에너지를 밖으로 배출하려는 성질이 강하다. 이러한 기운이 조화롭게 되려면 사주원국에 인성이나 관성의 도움이 필요하다. 인성이 있으면 행동하기 전에 한 번 더 생각하게 되고, 관성이 있으면 주위 사람과의 관계를 살피며 신중하게 행동할 것이다.

　壬午는 물과 불의 상반된 성질이 공존하여 성격이 불안정해 보이거나 감정의 기복이 나타날 수도 있다. 물론 壬水의 영향으로 이러한 흔들림이 겉으로 잘 드러나지 않을 수 있으나, 내면에는 감정의 기복에서 오는 스트레스를 겪기도 한다. 그래서 일부러 더 과장되게 행동하거나 허세로 표출되기도 한다.

　한편, 壬午 남자는 水식신과 일지 재성의 영향으로 성적 호기심과 이성에 대한 관심이 클 수 있으니, 불필요한 오해가 생기지 않도록 조심할 필요가 있다.

② 실제 사주를 통한 심리 분석

시주	일주	월주	연주
	壬 식신	庚 편인	
	午 정재	辰 편관	

　壬午일주 여성이다. 연주는 木水이고 시주는 土金인 신약사주다. 용신은 金이고 희신은 水이다.

　이 사주는 월지에 편관이, 월간에 편인이 자리하여 관인상생(官印相生)의 조화를 이루고 있다. 이러한 관인상생은 조직원들과 조화를 잘 이루고 뛰어난 학습 능력으로 나타난다. 특히, 월지의 강한 편관성은 도전적인 환경이나 책임감과 규율이 중시되는 조직에서의 활동을 암시한다. 이

때 발생할 수 있는 책임감과 스트레스를 월간의 편인이 침착하게 받아내어 잘 극복하고 있다. 그래서 월간의 庚金은 사주의 균형을 잡아 주는 용신의 역할을 하는 것이다.

이러한 집중력은 일지 정재로 이어져 재물과 목표 달성에 대한 강한 욕구로 나타난다. 또한 일지 정재는 주변 환경을 주도적으로 통제하려는 성향이 강해, 배우자에게 의존하기보다는 스스로 주체적인 삶을 살려는 의지가 크다. 대신 배우자를 선택할 때는 안정적인 직업과 성실함을 갖춘 사람을 선호할 것이다.

다만 물과 불의 상반된 기운이 충돌하여 갈등이 발생할 가능성도 높으므로 서로의 입장을 존중하려는 노력이 필요하다. 때로는 상대방에 대한 기대치를 조절하는 것도 살아가는 데 도움이 될 수 있다. 이 사주의 최대 장점은 시주에도 용신이 있어 말년의 행복과 풍요로운 결실을 강력히 암시한다는 것이다.

壬申

壬은 식신 성향이고, 申은 壬의 편인이다.
申의 지장간은 壬, 庚으로 壬의 비견, 편인이다.
壬申일주는 壬水 식신이 기본적인 심리다.

① 기본 심리 분석

壬申은 높게 솟은 바위 사이를 힘차게 가로지르는 맑고 차가운 강물을 연상시킨다. 마치 영월의 동강이 기암절벽과 맑은 물이 조화롭게 어우러져 한 폭의 그림 같은 풍경을 빚어내듯, 壬申일주는 가을철 동강처럼 다정다감하고 세련된 모습을 보인다. 하지만 그 속에는 차갑고 냉정한 성질이 있어, 남들이 쉽게 다가가지 못하는 면모도 보인다.

壬申일주는 壬水 식신의 뛰어난 언변과 申金 편인의 예리한 촉을 지녀 매우 총명하며 학습 능력 또한 뛰어나다. 申金의 지장간에 비견과 편인이 있어 자기 기준이 확실하고 남을 쉽게 믿지 않는 경향도 있다. 그러나 간지가 모두 편(偏)의 성질이어서 순수하고 솔직한 성격이다.

壬申일주 남자는 듬직한 외모를 지녔지만, 간지가 모두 陰이어서 겉모습과는 달리 내성적인 성향이다. 또한 강한 자존심과 申金의 냉철한 기질로 인해 직장 생활에서 스트레스를 받기 쉽고 대인관계의 호불호도 명확하다.

壬申일주 여자는 申金의 강한 기운이 있어 자기 생각을 분명하게 표현하고, 자기 기준도 확실하여 사람을 가려서 만나고 관계에 신중한 태도를 보인다. 지지가 비록 편인이지만 배우자에게 의존하려는 성향과는 거리가 멀고, 대체로 강인하고 독립적인 이미지를 지닌 경우가 많다.

② 실제 사주를 통한 심리 분석

시주	일주	월주	연주
	壬 식신	丁 정재	
	申 편인	巳 편재	

壬申일주 여성이다. 연주는 土火이고 시주는 金水이다. 연주와 월주는 火기운이 강하고 일주와 시주는 金水기운이 강해서, 인생의 전반부와 후반부가 사뭇 다른 양상을 보인다. 대체로 이와 같은 구성의 사주는 신약인 경우가 많아서 金과 水를 희용신(喜用神)으로 쓴다.

이 사주는 40대 이전의 청년기까지는 밝고 적극적인 면이 강하지만, 40대 이후에는 이전보다 사고가 더 깊어지고 더 신중한 모습으로 변화할 것이다.

이 사주는 연주와 월주에 강한 편관과 강한 재성이 위치하여, 초중년기까지는 어려운 환경 속에서 자신을 단련하며 성장해 온 시기였을 것이다. 또한 재살태과(財殺太過)의 양상은 이 시기에 돈이나 사회적 활동 또는 남자로 인한 어려움을 암시하고 있다.

한편, 일간은 월간과 丁壬합을 이루어 재물이나 사업 추진에 강한 집착을 보이기도 한다. 그러나 40대 이후에는 金水 희용신의 기운이 강해지면서 안정과 명예를 성취할 가능성을 암시하고 있다.

월주에 재성이 강하면 직장 생활을 주도적으로 이끌고 조직 장악력도 뛰어나다. 하지만 신약사주이면 의욕이 앞서 행동에 실수가 따를 수 있으므로 주의할 필요가 있다. 또한 일지와 월지가 인신사해(寅申巳亥)의 생지(生支)이며 巳申합도 되어 이동수가 많을 것으로 보인다.

壬戌

壬은 식신 성향이고, 戌은 壬의 편관이다.
戌의 지장간은 辛, 丁, 戊로 壬의 정인, 정재, 편관이다.
壬戌일주는 壬水 식신이 기본적인 심리다.

① 기본 심리 분석

壬戌은 늦가을, 넓고 아름답게 펼쳐진 갈대숲이 인상적인 섬진강변을 떠올리게 한다. 잔잔하게 흐르는 섬진강 물결과 황금빛으로 물든 갈대숲이 조화롭게 어우러진 풍경은 풍요로움과 여유를 주고 있다.

갈대는 바람에 이리저리 흔들려 약해 보이지만, 아무리 강한 바람에도 쉽사리 꺾이지 않는다. 섬진강변의 갈대숲이 거센 바람에도 자신의 길을 내어 주지 않듯, 壬戌일주 역시 겉으로 드러나는 유연함 속에 굳건한 내면을 감추고 있다. 壬戌일주는 갈대숲과 같은 은근한 매력과 여유를 지녔으며, 자신을 낮출 줄 아는 겸손함과 적응력으로 어려움을 슬기롭게 극복하는 지혜가 있다.

섬진강변의 갈대숲은 수분을 머금은 땅에서 자라기에 웬만해서는 화재가 발생하지 않는다. 하지만 일단 불이 붙으면 온 천지를 순식간에 불구덩이로 만들어 버릴 것이다. 壬戌일주 역시 이와 같이 자존심에 큰 상처를 입거나 불의를 보게 되면 이전과는 전혀 다른 태도로 돌변할 수 있다. 壬戌이 한번 폭발하면 아무도 말릴 수 없을 것이다.

壬戌일주는 일지 편관을 두어서 강한 책임감을 지니는 경우가 많다. 또한 戌은 십이지신(十二支神) 중 '개'에 해당하는데, 이는 충직함과 더불어 한번 목표를 정하면 끝까지 물고 늘어지는 특유의 집요함과 끈기를 상징한다. 이러한 특징을 가진 壬戌일주는 외유내강형이며, 조용한 카리스마와 리더십을 가진 일주에 해당한다.

② 실제 사주를 통한 심리 분석

시주	일주	월주	연주
	壬 식신	甲 식신	
	戌 편관	辰 편관	

壬戌일주 여성이다. 연주는 火기둥이고 시주는 金土인 신약사주다. 용신은 시간의 金이고 희신은 水인데, 원국에는 水가 없다.

이 사주는 매우 신약하며 편관이 과다한 특징을 보인다. 비록 壬水가 큰 물을 상징할지라도, 사주 전체를 살펴보면 시주의 庚金 외에는 자신을 돕는 기운이 전무하다. 이렇듯 과다한 편관으로 인해 삶이 많이 외롭고 고단하게 느껴질 수 있다. 마치 인생 자체가 '책임감'이라는 사막 한가운데 놓여 있는 듯한 느낌을 주기도 한다.

일지와 월지가 辰戌충을 이루고 있는데, 이는 강한 편관들 간의 충돌을 의미한다. 이는 壬戌일주의 장점보다는 편관의 단점이 더욱 부각될 수 있음을 암시한다. 그 결과 壬戌의 리더십은 과도한 책임감으로, 자존심은 내면의 압박감으로 나타날 수 있다.

사주에 편관이 많거나 강하면 서열 관계를 중요하게 여기는 경향이 있어, 군인이나 경찰 또는 공공기관 등과 같은 직업에 끌릴 수 있다. 또한 자신과 비슷한 수준의 사람들과 교류하려는 모습도 보인다.

한편, 이 사주의 용신은 편인이고 시간에 자리하고 있어서, 말년으로 갈수록 인생의 지혜와 분별력이 생겨 예전의 혼란스러움을 극복하고 안정감을 찾을 수 있을 것이다.

10

癸일간

　癸水는 음중음(陰中陰)으로서 극음(極陰)의 기운을 지니고 있다. 물상적으로는 대기 중의 수증기가 응축되어 내리는 빗물에 비유할 수 있다. 壬水가 강이나 바다와 같은 큰 물이라면, 癸水는 비나 시냇물과 같은 작은 물로서 대지를 촉촉이 적시고 식물의 성장을 돕는 귀한 존재이다.

　작은 빗방울들이 모여 큰 강과 바다를 이루듯이, 癸水는 잠재적인 큰 힘을 가지고 있다. 또한 겨울에는 비가 눈으로 변하는 것과 같이, 다른 형태로 자신의 존재감을 드러내기도 한다. 이러한 癸水는 상관(傷官)적 성향을 내포하고 있으며, 주요 특징은 다음과 같다.

1. 癸水는 속을 쉽게 드러내지 않는 비밀스러운 면이 있다.
2. 癸水는 틀에 얽매이지 않는 자유로운 기질이 있다.
3. 癸水는 빗물과 같은 탁월한 적응력이 있다.
4. 癸水는 비처럼 풍부한 감수성과 매력이 있다.
5. 癸水는 비가 눈으로 변하는 변덕스러운 모습도 있다.
6. 癸水는 상황에 유연하게 대처하는 처세술이 있다.
7. 癸水는 상황을 자신에게 유리하게 만드는 능력이 있다.
8. 癸水는 겉보기와 달리 강한 생존력과 고집이 있다.
9. 癸水는 섬세한 감정과 뛰어난 공감 능력이 있다.
10. 癸水는 깊은 사적인 관계를 더 선호한다.
11. 癸水는 자신만의 기준으로 사람을 가려 사귄다.
12. 癸水는 아이디어가 풍부하고 지혜롭다.
13. 癸水는 단비와 같은 문제 해결 능력이 있다.
14. 癸水는 현실을 직시하며 실리를 추구한다.
15. 癸水는 다양한 정보와 지식을 습득하려고 한다.

> # 癸丑
>
> ～～～～～～～～～～～～～～～～～～～～～～～～
>
> 癸는 상관 성향이고, 丑은 癸의 편관이다.
> 丑의 지장간은 癸, 辛, 己로 癸의 비견, 편인, 편관이다.
> 癸丑일주는 癸水 상관이 기본적인 심리다.

① 기본 심리 분석

癸丑은 음력 12월 밤, 소리 없이 내리는 눈을 연상케 한다. 추운 겨울 밤에 살포시 내려앉는 눈은 차가움 속에서도 포근함과 묘한 매력을 지니고 있다. 丑은 십이지신(十二支神) 중 '소'에 해당하므로, 癸丑일주는 얌전하고 성실한 소와 같은 기질을 지녔다.

癸丑은 일지에 편관을 두어서 예의가 바르고 인내심이 강하지만, 내면에는 민감한 성질이 잠재되어 있다. 이는 어떤 한계점을 넘어서는 상황이 되면 이전과는 전혀 다른 모습으로 돌변할 수 있음을 암시한다. 마치 소에게 무리한 일을 시키거나 스트레스를 심하게 주면 갑자기 난폭하게 변하는 것과 비슷하다.

癸丑일주는 癸水의 총명함과 丑土의 우직함을 지녀, 자신이 맡은 업무를 조용히 성실하게 수행한다. 다만 여럿이 함께하는 일보다는 혼자 하는 것을 더 편하게 느낀다. 그러나 癸丑일주가 착하고 얌전해 보인다고 하여 함부로 대했다가는 큰코다칠 수 있다. 이는 癸丑이 강하게 응축된 기운으로 되어 있어 갑자기 폭발할 수도 있기 때문이다.

일지에 편관이 있다는 것은, 배우자궁이자 자기 내면에 '나를 통제하고 단련하는' 에너지를 두고 있음을 의미한다. 이 때문에 삶에 스트레스가 많거나, 여성의 경우는 남편 복이 약하다고 해석하기도 한다. 그러나 이는 사주의 강약에 따라 달라지므로 반드시 그렇게 단정할 수는 없다. 일간이 신강(身强)하다면 일지 편관은 오히려 일간의 넘치는 힘을 조절해 주어 권력이나 명예, 카리스마로 작용할 것이다. 또한, 사주 내에 식신이 있어 편관을 적절히 제어하거나 인성이 그 기운을 원활하게 소통시킨다면, 흉함은 사라지고 오히려 '능력 있는 배우자'를 만나거나 '난관을 극복하는 힘'으로 발현될 것이다. 다만 어떠한 상황에서든 마음을 여유롭고 편안하게 가지는 태도가 중요한 것은 분명한 사실이다.

② 실제 사주를 통한 심리 분석

시주	일주	월주	연주
	癸 상관	乙 식신	
	丑 편관	卯 식신	

癸丑일주 여성이다. 연주는 水土이고 시주는 木기둥인 신약사주다.

용신은 金이 좋지만 원국에는 없다. 희신은 水이다.

이 사주의 가장 큰 특징은 식상이 네 개나 되는 식상태과(食傷太過)라는 것이다. 사주에 식상이 태과하면 자신이 가진 것 이상으로 베풀고 표현하며 살아가는 운명을 의미하는데, 이 사주에는 인성의 도움이 전무하다는 것이 큰 약점이다. 이것은 들어오는 것은 없고 나가는 것만 많아 휴식할 시간이 부족하거나, 자신을 지지해 주는 사람이 옆에 없다는 의미로 해석될 수 있다. 나아가 학업이나 정신적인 재충전의 기회를 얻기 어려울 수 있음을 암시한다.

더욱이 이 사주는 무재성(無財星)이어서, 쉼 없이 열심히 활동하고 노력했음에도 불구하고 자신이 원하는 실질적인 결과를 얻지 못하는 안타까움이 따를 수 있다. 어쩌면 오지랖이 넓어 남의 일에는 잘 참견하지만 정작 자기 실속은 전혀 챙기지 못하는 사람일 수도 있다.

마지막 특징은 연주와 일주가 癸丑으로 동일한 '복음(伏吟)사주'라는 것이다. 복음은 '엎드려 신음한다'라는 다소 부정적인 의미이다. 연주는 소년기의 기질을, 일주는 중년기의 기질을 나타내는데, 이 둘이 같다는 것은 심리적 갈등 상태를 의미하기도 하며, 때로는 부부 관계의 어려움을 암시하기도 한다.

癸卯

癸는 상관 성향이고, 卯는 癸의 식신이다.
卯의 지장간은 乙로 癸의 식신이다.
癸卯일주는 癸水 상관이 기본적인 심리다.

① 기본 심리 분석

癸卯는 마치 봄비가 내린 후 화창하게 피어난 꽃이나 화초와 같은 느낌을 준다. 癸卯 여자는 예쁜 용모와 밝고 순수한 이미지를 지닌 경우가 많아, 남성들에게 인기가 많다.

일지의 卯는 십이지신(十二支神) 중 토끼에 해당하며, 자오묘유(子午卯酉)의 왕지(旺支)로서 발랄하고 활동적인 기운을 상징한다. 여기에 癸水의 총명함과 뛰어난 친화력이 더해져 사회생활도 능숙하게 잘하는 일주이다. 癸卯는 간지가 상관과 식신이어서 생활력이 좋고 먹고사는 걱정을 덜 하는 일주이다.

한편, 卯木은 癸水의 식신이지만 본성은 정재이므로, 癸卯일주는 계산적이고 손해 보는 일을 하지 않는다. 그러나 癸水가 卯木의 이러한 성질을 겉으로 잘 드러내지 않기에, 주의 깊게 관찰하지 않으면 쉽게 알아차리기 어려울 수도 있다. 이런 이유로 癸卯일주를 때로는 '앞과 뒤가 다른 사람'이라고 오해하기도 하지만, 이는 단지 자신의 좋은 모습을 보여주고자 하는 마음에서 비롯된 것이지 결코 나쁜 의도를 가진 것은 아니다.

많은 癸卯일주는 성격이 온화하고 창의력과 표현력이 뛰어나다. 그래서 조직에서 많은 이들에게 호감을 사지만, 정작 자기 스스로는 깊은 관계를 만들려고 하지 않는다. 癸卯는 자기 분수를 넘어서는 행동은 삼가한다.

② 실제 사주를 통한 심리 분석

시주	일주	월주	연주
	癸 상관	戊 정관	
	卯 식신	寅 상관	

癸卯일주 여성이다. 연주는 木기둥이고 시주는 水土인 신약사주다. 용신은 金이지만 원국에는 없다. 희신은 水이다.

이 사주의 특징은 식상이 태과(太過)한 것이다. 그러나 이것보다 더 특징적인 것은 월주 戊寅에 있다. 우선 일간은 월간 정관과 戊癸합을 하고 있어, 일간은 안정된 삶과 사회적 인정을 받고 싶어 하며 겉으로는 반듯하고 책임감 있는 모습을 보이려고 노력한다. 그러나 지지에는 강력한 식상이 자리 잡고 있어, 식상이 관성을 극(剋)하는 '식상견관(食傷見官)'이 되어 권위와 규칙으로부터 자유롭고 싶은 마음이나 반발심 등이 강하다. 결론적으로 이런 상반되는 두 성질을 어떻게 조화롭게 하느냐가 인생의 큰 어려움일 수 있다. 이 과정에서 조직이나 상사와의 갈등과 마찰이 발생할 수도 있다.

이 사주의 또 다른 특징은 무인성(無印星)과 무재성(無財星)이라는 것이다. 사주가 무인성이면 힘든 세상에 자신을 옆에서 응원해 주고 지도해 줄 사람이 없다는 것이다. 이것은 망망대해에 홀로 떠다니는 돛단배와 같은 심정일 수 있다. 또한 무재성의 구조로 되면 자신의 노력과 능력이 현실적인 결과로 이어지기가 어려울 수 있음을 암시한다.

이 사주와 같은 무인성과 무재성의 사주는 자신의 판단(印)과 결과(財)가 부족할 수 있음을 솔직히 인정하고, 타인의 조언을 경청하고 동료들과 긴밀하게 협력하는 것이 가장 중요하다.

癸巳

癸는 상관 성향이고, 巳는 癸의 정재이다.
巳의 지장간은 庚, 丙으로 癸의 정인, 정재이다.
癸巳일주는 癸水 상관이 기본적인 심리다.

① 기본 심리 분석

癸巳는 음력 4월에 대지를 촉촉이 적셔 주는 비와 같다. 초여름의 비가 만물의 생육을 돕고 봄철 가뭄을 해소하는 소중한 역할을 하는 것처럼, 癸巳일주는 많은 이들의 사랑을 받는 사람이다.

癸水는 수증기처럼 넓게 퍼지려는 성질과 비처럼 응축하려는 두 가지의 상반된 성질을 동시에 가지고 있다. 여기에 巳火의 밝고 따뜻한 기운이 더해져, 癸巳는 일반적으로 호감 가는 인상을 준다. 그러나 간지가 모두 正의 성질을 띠고 있어 현실적이며 자기 실속을 잘 챙기는 성향도 가지고 있다.

일지 巳火 또한 지장간에 정인과 정재를 두어 자신에게 도움 되는 것을 잘 찾고 손해 볼 행동은 하지 않는다. 때로는 자신에게 도움이 되지 않는다고 판단되면 과감히 관계를 정리하는 단호함도 있다.

巳火는 십이지신(十二支神) 중 '뱀'에 해당한다. 뱀은 예로부터 지혜의 상징으로 여겨졌는데, 여기에 癸水 역시 생각과 지혜를 뜻하는 '물'이어서, 癸巳일주는 깊은 통찰력과 지혜를 지닌 경우가 많다. 또한 뱀은 자신의 모습을 잘 숨기고 癸水는 비밀스러운 성향이 있으므로, 癸巳는 자신의 속마음을 쉽게 드러내지 않는다.

癸巳를 일주로만 판단하면 사회생활을 잘하는 사람, 또는 이기적인 사람이라는 상반된 평가가 있을 수 있다. 하지만 어떤 경우든 지나친 욕심을 내지 않는다면 살아가는 데는 큰 어려움은 없는 일주이다. 만일 癸巳일주가 조직 내에서 좋은 평가와 인정을 받고자 한다면, 자신의 호감 가는 첫인상을 잘 유지하려는 노력과 자신의 주변을 살피며 조화롭게 행동하는 것이 중요하다.

② 실제 사주를 통한 심리 분석

시주	일주	월주	연주
	癸 상관	癸 비견	
	巳 정재	未 편관	

癸巳일주 여성이다. 연주는 金기둥이고 시주는 癸丑이어서 사주에 냉기(冷氣)가 가득한데, 마침 巳火와 未土가 열기를 내뿜고 있어서 다행스럽다. 용신은 金이고 희신은 水이다.

천간에 세 개의 癸水가 드러나 있어, 癸水 특유의 기운이 매우 강하게 발현되는 사주이다. 이는 빗물처럼 어떤 환경에도 유연하게 적응하는 지혜와 촉촉한 감수성을 바탕으로 한 매력이 있어, 주변에 호감을 사는 장점으로 작용한다. 그러나 癸水의 비밀스러운 본성으로 인해 아주 가까운 사이가 아니면 자신의 속마음을 드러내지 않는 경계심 또한 있다.

이 사주의 핵심적인 특징은 비견과다(比肩過多)와 무식상(無食傷)이라는 것이다. 이는 강한 자존심과 주체성, 그리고 남에게 지기 싫어하는 경쟁 심리로 나타난다. 결정적으로 이러한 강한 에너지를 외부로 표출할 적절한 통로인 식상(食傷)이 없어, 에너지가 밖으로 원활히 흐르지 못하고 안으로만 향하여, 자기 생각과 주관에 갇히기 쉬운 강한 고집으로 나타나게 되었다.

한편, 월지의 강한 편관은 직장 생활에서 오는 압박과 스트레스를 의미하지만, 다행인 것은 연주의 강한 金이 편관의 기운을 긍정적인 방향으로 전환되도록 이끌고 있다는 것이다. 그래서 이 사주에서는 金이 용신인 것이다.

癸未

癸는 상관 성향이고, 未는 癸의 편관이다.
未의 지장간은 丁, 乙, 己로 癸의 편재, 식신, 편관이다.
癸未일주는 癸水 상관이 기본적인 심리다.

① 기본 심리 분석

癸未는 음력 6월의 메마른 땅을 촉촉이 적셔 주는 단비와 같다. 무더운 날에 내리는 비는 가을의 풍성한 결실을 바라는 농부에게는 고맙고 소중한 존재이다. 癸未는 마치 개미와 같이 부지런히 일하는 성실함과 조직을 위해 헌신하는 봉사 정신도 가지고 있다.

癸未일주는 간지가 상관과 편관이어서, 비가 오면 기뻐하지만 오지 않으면 스트레스를 많이 받는 농부나, 메마른 땅이 심한 갈증은 느끼는 것과 비슷하다. 癸水는 壬水와 같은 큰 물이 아니어서 癸未를 단지 일주만으로 판단하면 다소 무력하게 느껴진다. 개미처럼 열심히 노력하지만 자신을 알아주는 사람이 없어서 힘들어 할 수도 있다. 하지만 未는 金의 결실로 가기 직전의 시기이므로 참고 인내한다면 가을의 풍성한 결실을 맺을 수 있다. 그래서 癸未는 사주원국에서 金인성의 도움이 있다면 삶이 더 순조로워질 수 있다.

癸未일주는 일지가 편관이어서 매사에 조심스럽게 행동하지만, 癸水의 총명한 머리와 지장간에 편재를 두어 한 번 마음먹으면 끝까지 해내려는 기질 또한 강하다. 다만, 癸水 상관은 반골적 기질도 있어 마음먹기가 쉽지 않을 수 있다.

癸未일주는 직장에서 자신이 원하는 위치에 오르지 못하면 스트레스를 많이 받는 성격이므로, 성공할 때까지 계획을 잘 세우고 인내하는 것이 중요하다.

② 실제 사주를 통한 심리 분석

시주	일주	월주	연주
	癸 상관	戊 정관	
	未 편관	午 편재	

癸未일주 남성이다. 연주는 水土이고 시주는 金기둥인 신약사주다. 용신은 시주의 金이고 기신은 火이다.

이 사주는 앞의 癸巳일주 예시와 유사한 구성인데, 차이점은 월간에 戊土정관이 있다는 점이다. 癸巳일주 예시가 월간의 癸水로 인해 은근한 고집이 있는 사람이라면, 이 사주는 일간이 戊土 정관과 戊癸합을 이루어 사회생활을 더 원만하고 융통성 있게 하는 편이다. 또한, 癸巳일주는 일지와 월지가 정재와 편관이지만, 이 사주는 편관과 편재로 되어 위치가 서로 뒤바뀌어 있다. 이로 인해 癸巳일주는 정재의 기질이 강하고 이 사주는 편관의 기질이 더 강하다. 다만, 일지와 월지에 편관과 편재를 두어 활동적인 성향이면서도 조심성은 더 있다.

신약사주이면서 월지에 편재를 두게 되면 약간의 허세를 보인다. 그래서 만일 자신의 그릇보다 더 큰 것을 욕심낸다면 성공보다는 실패의 가능성이 더 커질 수 있는데, 이는 午火가 기신(忌神)으로 작용하기 때문이다.

이 사주는 土가 세 개 있는 관다(官多)인데, 土가 구신(仇神)으로 작용하여 직장 운이 좋은 편은 아니다. 그러나 다행스러운 점은 시주의 용신이 편관의 기운을 잘 받아내어 긍정적인 방향으로 전환시키고 있어, 말년에 직장에서 좋은 인연을 만날 수 있다. 그리고 시지는 자식궁이므로 자식 복도 좋은 편이다.

癸酉

癸는 상관 성향이고, 酉는 癸의 편인이다.
酉의 지장간은 辛으로 癸의 편인이다.
癸酉일주는 癸水 상관이 기본적인 심리다.

① 기본 심리 분석

　癸酉는 음력 8월, 잘 익어 가는 탐스러운 사과가 비를 맞아 깨끗한 모습과 같다. 단단하면서도 빨간 사과는 농염한 매력을 가지고 있지만, 예쁜 사과에 작은 흠집이라도 생기면 상품 가치가 크게 떨어지듯, 癸酉일주를 대하는 데에는 조심스러운 접근이 필요하다.
　酉金은 잘 익은 과일을 가지에서 잘라 내어 땅에 떨어뜨리는 숙살지기(肅殺之氣)의 날카로운 기운을 가지고 있다. 이러한 기운을 가진 酉金이 일지에 있으면 용모는 수려하지만 성격은 예민한 경우가 많다. 癸酉 여자는 남자들에게 인기가 많은 편이지만 편인의 의심 기질도 있어서, 이성의 접근을 쉽게 허락하지는 않는다. 이런 이유로 癸酉 여자는 직장 내에서 처세를 잘하는 편이다.

癸酉 남자는 잘생긴 외모와 철저한 자기 관리, 깔끔한 업무 처리 능력을 갖추고 있다. 그러나 酉金의 냉정하고 날카로운 성격으로 인해 남자답지 못하다는 평가도 있다. 한편 癸酉 남자는 강한 水의 영향으로 주색(酒色)에 빠질 가능성도 있으므로 주의할 필요가 있다.

癸酉는 상관과 편인으로 되어서 업무 개선 능력과 한 분야에 집중하는 힘을 가진 멋진 일주이다. 남들과 다른 관점에서 사물을 이해하고 분석하는 능력이 뛰어나서 전문직에 종사한다면 좋은 성과를 올릴 수 있을 것이다. 만약 일반 회사에 근무한다면 전문 직군이 유리하다.

② 실제 사주를 통한 심리 분석

시주	일주	월주	연주
	癸 상관	庚 정인	
	酉 편인	寅 상관	

癸酉일주 여성이다. 연주는 金水이고 시주는 土火인 신강사주다. 용신은 火이고 희신은 木이다. 寅木 희신은 연지의 生을 받아 힘은 있지만 일지와 월간의 剋을 받고 있다. 또한 시지의 火용신은 희신의 生을 직접적으로 받지 못해서 다소 아쉬운 구조로 되었다.

용모가 수려한 癸酉 여성이 만물이 소생하는 寅月에 태어나서, 조직 내에서 성장하고 발전하려는 욕구가 강하다. 하지만 월간과 일지에 金이 자리 잡고 있어 寅木을 강하게 억누르고 있다. 이것은 자신의 능력을 발휘하여 직장에서 성공하고자 하지만 가족이나 주변 사람들로 인해 사회생활에서 어려움을 겪을 수 있음을 암시한다. 또한 월지 상관의 뛰어난 능력이 있음에도 불구하고 인성과다로 인해 생각이 너무 많아 행동으로 옮기는 데 주저함이 있다. 때로는 결단력이 부족하거나 의존적인 모습으로 나타나기도 한다. 생각을 줄이고 일단 행동으로 옮기는 것이 성공의 길이다.

일간과 시간이 戊癸 정관합을 이루고 있어, 어려움이 있어도 직장 생활을 지속하려고 한다. 또한 시간의 戊土는 강한 水기운을 억제하는 희신급의 역할을 하고, 시지에는 午火 용신이 있어서 말년으로 갈수록 이전보다 훨씬 더 편해질 것이다. 인내심을 가지고 끝까지 버틴다면 원하는 바를 이룰 수 있을 것이다.

癸亥

癸는 상관 성향이고, 亥는 癸의 겁재이다.
亥의 지장간은 甲, 壬으로 癸의 상관과 겁재이다.
癸亥일주는 癸水 상관이 기본적인 심리다.

① 기본 심리 분석

癸亥는 음력 10월, 한강에 눈이 소복이 내리는 모습과 닮았다. 초겨울의 첫눈은 아름답고 포근한 느낌을 줄 뿐만 아니라, 건조한 대기와 땅에 수분을 공급하며, 보리와 같은 겨울 작물들을 추위로부터 보호하는 역할도 한다. 눈은 비록 차갑지만 겨울에는 없어서는 안 될 소중한 존재이다.

癸亥일주는 간지가 모두 水여서 겉으로는 유한 사람으로 보이지만, 亥水 겁재의 작용으로 냉정하고 단호한 기질도 있다. 癸亥는 겨울눈과 같이 차가움과 포용력을 모두 가진 일주이다. 또한 속으로는 강한 고집과 자존심이 있어서 타인에게 쉽게 의지하지 않는 주도적인 삶을 살려고 한다.

亥水의 지장간은 甲木와 壬水이고 본성은 편재와 식신이어서, 癸亥는 추진력이 좋고 눈치도 빠른 지혜로운 일주이다. 癸亥는 일지가 겁재여서 다른 癸水일주와는 달리 자신의 속마음을 굳이 숨기지 않는 솔직함이 있다. 癸亥는 타인에게 잘 베풀기도 하지만, 때로는 냉정하게 손절해 버리는 단호함도 있다.

癸亥는 식상적 기질이 강해서 언어 구사력이 뛰어나고 분위기를 잘 타는 성격이다. 다만, 식상은 에너지를 밖으로 발산하려는 십신이므로, 癸亥는 사주원국에서 인성의 도움이 반드시 필요하다. 똑똑한 癸亥가 인성의 도움을 받아서 공부에 힘쓴다면 성공할 가능성은 더욱 커질 것이다.

② 실제 사주를 통한 심리 분석

시주	일주	월주	연주
	癸 상관	己 편관	
	亥 겁재	巳 정재	

癸亥일주 여성이다. 연주는 土木이고 시주는 金기둥인 신약사주다. 용신은 金이고 희신은 水이다. 일지 亥水는 시지의 生을 받아서 강하고, 월지 巳火는 연지의 生을 받아서 강한데, 이 둘은 巳亥충을 이루고 있다. 일반적으로 巳亥충이 되면 마음속에 갈등이 있다고 보지만, 亥水와 巳火의 성질을 정확히 이해한다면 나쁘게 볼 필요가 없다.

亥水의 본성은 식신이어서 편안하게 먹고 살려는 기질이고, 巳火의 본성은 편관이어서 조직에 소속되려는 기질이다. 이렇게 상반된 두 성질의 충돌이 巳亥충인데, 현대 사회에서는 직장도 필요하고 여가 생활도 반드시 필요하기 때문에 巳亥충을 나쁘게 볼 필요가 없다는 것이다. 주역(周易)의 설괘전(說卦傳)에는 수화불상사(水火不相射)라는 구절이 있는데, 이것은 물과 불은 서로를 공격하지 않는다는 것이다. 직장 생활을 충실히 하면서 여행 등을 통해서 자신만의 시간을 가지는 것은 오히려 권장할 만하다. 사주에 巳火충이 있다면 워라벨(work-life balance)을 잘 맞추어 생활하는 것이 좋다.

巳亥를 십신(十神)으로 판단하면 겁재와 정재의 충돌이므로 과도한 재물 욕심을 내는 것은 좋지 않다. 하지만 시주에 강한 용신이 있어 노후의 편안한 삶을 기대할 수 있으므로, 젊어서는 물 흐르듯 편하게 사는 것을 권장한다.